Mariana Sei

Loslassen lernen

Loslassen lernen:

LOSLASSEN LERNEN IN 5 SCHRITTEN!

Das Geheimnis, wie Sie sich und Ihre wahren Bedürfnisse wieder finden, loslassen lernen und glücklich neu beginnen

Mit großem Praxisteil zum Loslassen lernen

Loslassen lernen bei Trennung, Jobverlust, Ängsten und mehr

Mariana Seiler

Impressum

Texte:	© Copyright by Mariana Seiler
Umschlag:	© Copyright by studio-fotolia.com
Verlag:	Neopubli GmbH Prinzessinnenstraße 20 10969 Berlin kontakt@epubli.de
Druck:	epubli ein Service der neopubli GmbH, Berlin

Printed in Germany

Bibliografische Information der Deutschen Nationalbibliothek

Die Deutsche Nationalbibliothek verzeichnet diese Publikation in der Deutschen Nationalbibliografie; detaillierte bibliografische Daten sind im Internet über http://dnb.d-nb.de abrufbar.

Ein Buch aus der Reihe

der Mariana Seiler Ratgeber

Inhalt

Vorwort

Zeit heilt alle Wunden, so glauben wir. Doch leider stimmt das nicht.

Loslassen ist ein bewusster Prozess von ganz bestimmten Schritten, die wir jederzeit gehen können und auf die wir nicht erst Wochen, Monate oder Jahre nach einem Verlust zu warten brauchen, aber die wir eben auch gehen MÜSSEN, um wirklich frei zu werden für einen Neubeginn.

Wenn wir die nötigen Schritte dazu nicht kennen, dann kann es uns passieren, dass wir auch Jahre später noch gedanklich an etwas festhalten oder Schmerz empfinden, weil wir die entscheidenden Schritte nie gegangen sind. Und das, was dazwischen passiert ist, war nicht selten für uns nur eine (unbewusste) Ablenkung von unserem tief sitzenden verdrängten Schmerz.

So verschwenden viele Menschen, ohne es zu wissen, wertvolle Lebensjahre, in denen sie leiden, anstatt glücklich und frei zu sein und das Leben in vollen Zügen zu genießen – einfach deshalb, weil sie nicht wissen, welche die entscheidenden Schritte des Loslassens sind, ja weil sie die wichtige Kunst des Loslassens nicht beherrschen.

Dabei ist Loslassen nicht nur einfach und kann vollkommen ohne Schmerz, Leid und Angst erfolgen, wenn wir wissen, wie wir richtig loslassen, sondern es kann uns auch ein Gefühl von tiefer Dankbarkeit, Freude und Freiheit schenken!

In diesem Buch lernen Sie die fünf entscheidenden Schritte des Loslassens kennen.

Sie können damit nicht nur Menschen, Dinge oder Situationen loslassen, die sich vor kurzem aus Ihrem Leben verabschiedet haben, sondern auch solche, deren Lebensweg sich schon vor Jahren von Ihrem getrennt hat und an denen Sie dennoch bis heute (unfreiwillig) festhalten.

Wenn Sie dieses Buch gelesen haben, wird Ihnen beides mühelos gelingen! Mit dem Praxisprogramm in diesem Buch werden Sie in 5 Tagen frei sein! Und Sie werden endlich keinen Schmerz mehr empfinden, sondern Dankbarkeit und Freude! Auch wenn Sie das jetzt noch kaum glauben können.

Es gibt unzählige Situationen, in denen es uns schwer fällt, loszulassen und neu zu beginnen und die Strategie in diesem Buch funktioniert in allem Fällen.

Manchmal sind es Menschen, an denen wir festhalten und die wir nicht loslassen können. Das kann ein Partner sein, von dem wir uns getrennt haben oder der uns verlassen hat. Es kann ein Mensch sein, den wir lieben, und der unsere Liebe nicht erwidert. Es kann aber auch innerhalb unserer Partnerschaft unser Partner sein, der einfach in gewissen Dingen mehr Freiraum beansprucht. Es können unsere Kinder sein, die erwachsen geworden sind und ihren eigenen Weg gehen.

Es kann aber auch ein Job sein, den wir verloren haben, es kann ein Traum sein, den wir nicht verwirklicht haben, als wir die Gelegenheit dazu hatten und an den wir nicht aufhören können, zu denken. Es kann ein gewohnter Lebensstandard sein, von dem wir uns aufgrund von finanziellen Nöten trennen mussten und es kann unser soziales Ansehen sein, das aus welchen Gründen auch immer gelitten hat oder angekratzt wurde.

Es kann die Erinnerung an einen Fehlschlag in unserem Leben sein, die wir einfach nicht vergessen können. Es können tiefsitzende Gewohnheiten sein, oder auch ein negatives Bild, das wir von uns selbst haben und das wir einfach nicht loslassen und uns davon befreien können.

Es gibt unendlich viele Menschen, Dinge, Gedanken und Situationen, die wir im Laufe unseres Lebens loslassen müssen und wir ersparen uns viel Leid, wenn wir wissen, wie wir das schnell, einfach und richtig tun.

Daher wird dieses Buch Ihnen nicht nur in Ihrer momentanen Situation helfen, loszulassen. Sondern es schenkt Ihnen auch das nötige Wissen, mit dem Sie in der Zukunft und für den Rest Ihres Lebens leicht und ohne Schmerz und Angst loslassen können, wann immer Sie das möchten oder das Leben das von Ihnen fordert.

Sie erfahren die drei wahren Ursachen, warum Sie bisher nicht loslassen können und lernen Schritt für Schritt, wie Sie an genau dort ansetzen, die drei Ursachen im Kern beseitigen und plötzlich einfach und problemlos loslassen können. Und Sie lernen, wie Sie von Herzen vergeben, ohne sich selbst aufzugeben und (falls nötig) Ihr Selbstwertgefühl stärken und wieder aufbauen.

Doch wie bei jedem neuen Wissen, das Sie sich mit einem Buch aneignen, so gilt auch hier:

Nur *angewandtes* Wissen ist Macht und kann wirklich etwas verändern.

Oftmals scheitern Menschen genau an diesem Punkt. Sie wissen und verstehen, was sie tun müssten, um ihr Ziel zu erreichen, aber sie gehen entweder den Schritt in die Praxis nicht, oder sie versuchen es zwar, aber wissen nicht genau, wie sie ihr Wissen im Alltag umsetzen können und geben es schließlich wieder auf.

Das wird Ihnen nicht passieren! Denn Sie haben dieses Buch gekauft - und dieses Buch ist anders!

Es begleitet Sie bei Ihrem Schritt in die Praxis und zeigt Ihnen in einem großen Praxisteil Schritt für Schritt, wie Sie dieses Wissen ganz einfach sofort in Ihrer persönlichen Situation anwenden, es erfolgreich umsetzen und befreit loslassen.

Wenn Sie dieses Buch gelesen und das Praxisprogramm umgesetzt haben, werden Sie in einer Woche frei sein von Schmerz, Leid und Angst.

Sie werden sich stark, unabhängig und frei fühlen. Und Sie werden in Liebe und Dankbarkeit auf das zurück schauen, was Sie losgelassen haben und voller (Vor)Freude sein auf die neue Lebensphase, die nun auf Sie wartet. Denn die können SIE nach Ihren kühnsten Träumen gestalten! Auch dafür lernen Sie hier den entscheidenden Schritt, damit Ihr Neuanfang ein wirklich glücklicher Neubeginn wird.

Wenn Sie einmal gelernt haben, wirklich loszulassen, werden Sie Freude, Glück und Dankbarkeit spüren, wo Sie heute Angst und Schmerz spüren.

Der Weg ist so einfach! Für jeden! Sie müssen nur die Psychologie des Festhaltens und des Loslassens verstehen!

Muten Sie sich nicht noch weitere Stunden voller Leid und den beinahe unerträglichen Schmerz von Verlust und Festhalten zu, sondern gehen Sie den einfachen Weg, lassen Sie in Liebe los und machen Sie sich bereit für ein Leben in Fülle, Glück und Freude!

Ich möchte an dieser Stelle anmerken, dass dieses Buch nicht zur Trauerarbeit gedacht ist. Ich persönlich vertrete die Auffassung, dass Trauerarbeit immer auch verknüpft sein sollte mit dem persönlichen Glauben daran, wie unsere menschliche Existenz entstanden und gemeint ist, ob und wie sie geführt wird, und ob unser Leben nach dem physischen Tod weitergeht oder nicht, und ich glaube, dass sie aus diesem Grund sehr individuell erfolgen sollte, um Menschen wirklich auffangen und Kraft schenken zu können.

Deshalb möchte ich den Bereich Trauerarbeit bei meiner 5 Schritte Methode des Loslassens bewusst aussparen. In allen anderen Situationen, in denen Sie etwas oder jemanden loslassen wollen oder müssen, können Sie diese Methode jedoch einfach und erfolgreich anwenden, für den Rest Ihres Lebens bei Bedarf darauf zurück greifen und sich nun auf Ihren Durchbruch, Ihren endgültigen Befreiungsschlag aus der Abhängigkeit und auf ein neues, freies und tief erfülltes Leben freuen!

Viel Spaß beim Lesen wünscht Ihnen

Ihre Mariana Seiler

TEIL I
Die 3 wahren Gründe, warum Sie nicht loslassen können

Wenn wir an etwas oder an jemandem festhalten und es uns schwer fällt, loszulassen, dann stehen dahinter in der Regel drei tiefere Ursachen, die gar nichts mit dem Menschen oder der Sache selbst zu tun haben.

Die Wahrheit ist: Wir sind in keiner Weise abhängig von diesem Menschen oder dieser Sache und brauchen auch absolut nichts von ihm. Wir brauchen aber andere Dinge, von denen wir fälschlicherweise glauben, dass wir sie nicht anderweitig bekommen können. Deshalb halten wir (berechtigterweise) fest! Und genau durch diesen Gedanken entsteht die Illusion von Abhängigkeit von einer Person oder Sache.

Wenn wir jedoch die drei wahren Gründe kennen, warum wir nicht loslassen können (und wollen!) können wir genau dort ansetzen, die Ursachen auflösen und dann relativ leicht und vor allem ohne Angst und Schmerz loslassen, weil wir erkennen, dass wir in Wahrheit nichts von der Person oder der Sache selbst brauchen und weil wir, sobald wir unsere Ursachen auflösen, auch die Gründe aufgelöst haben, warum wir bisher festhalten MUSSTEN.

Wir haben dann keinen Grund mehr, weiter festzuhalten...

In diesem Kapitel werde ich Ihnen die drei Ursachen vorstellen. Wenn Sie es gelesen haben, werden Sie verstehen warum Sie bisher (noch) nicht loslassen können.

Grund Nr. eins:

Die erste Ursache, warum wir festhalten, hat mit unseren tieferliegenden Bedürfnissen zu tun.

Wenn wir etwas oder jemanden nicht loslassen können, dann immer auch deshalb, weil in der Situation mit diesem Menschen oder der Sache wichtige (tiefe und vielleicht auch unbewusste) Bedürfnisse von uns erfüllt worden sind und wir (bewusst oder unbewusst) fürchten, glauben oder uns sogar sicher sind, dass diese Bedürfnisse ohne diesen Menschen oder diese Sache unerfüllt bleiben müssen.

Dieser Glaube, einen Anderen zu brauchen, um ein wichtiges Bedürfnis erfüllt zu bekommen, macht uns hochgradig abhängig von der Person oder der Sache und die Vorstellung, etwas, von dem wir abhängig sind, loszulassen, erzeugt natürlich große Angst und dadurch einen enormen Schmerz und Leid.

Nicht selten lässt uns dieser Gedanke, nämlich die falsche Illusion, dass wir von einer Person oder Sache abhängig sind und sie brauchen, sehr lange, ja viel zu lange festhalten, um den Menschen oder um die Sache kämpfen, und uns mit allen Mitteln versuchen, ihn zurück zu bekommen. In anderen Fällen stürzt uns der Verlust aufgrund genau dieser Illusion der Abhängigkeit in großes Leid oder erzeugt in uns Hoffnungslosigkeit und Resignation.

Wenn wir genauer hinsehen, ist unser starker Wunsch, in Anbetracht dieser Ängste festzuhalten und nicht loszulassen, durchaus sinnvoll.

Es wäre keinesfalls klug, etwas oder jemanden loszulassen, auf den wir zum emotionalen Überleben oder um glücklich zu sein, angewiesen sind. Deshalb müssen Sie sich auch nicht selbst Vorwürfe machen, dass Sie bisher nicht loslassen konnten. Es ist ein Zeichen Ihres Überlebenswillens.

Glücklicherweise ist der Gedanke der Abhängigkeit von einer bestimmten Person oder Sache jedoch eine vollkommene Illusion. Denn wir können einen Weg finden, unsere wirklich tiefen Bedürfnisse (nicht zu verwechseln mit Träumen und Wünschen) auf andere Weise zu erfüllen.

Und einen solchen Weg MÜSSEN wir sogar finden, wenn wir loslassen wollen, und wir sollten es achtsam und ganz bewusst tun!

Ja, wir können es uns nicht leisten, unsere wichtigsten Bedürfnisse unerfüllt zu lassen, denn solange wir das tun, werden wir gezwungen sein, unsere (schmerzhaften) Gefühle zu verdrängen oder zu leiden.

Was wir also in Wirklichkeit festhalten und auf keinen Fall verlieren wollen, ist gar nicht diese eine Person oder diese Sache. Sondern es ist die Erfüllung unseres Bedürfnisses!

Hinter jedem Gefühl von Leid steckt ein unerfülltes Bedürfnis (je größer unser Leid, desto tiefer und elementarer ist das Bedürfnis dahinter).

Und die erste Voraussetzung, um loslassen zu können, ist, zu verstehen, welches konkrete Bedürfnis wir hinter unserem Leid haben und uns zu erlauben, uns selbst dieses Bedürfnis zu erfüllen!

Und zwar mit oder ohne diesen Menschen oder diese Sache!

Lassen Sie mich dazu ein Beispiel geben.

Nach einer Trennung von einem Partner können wir häufig nicht aufhören an ihn zu denken. Wir vermissen seine Aufmerksamkeit und die Nähe zu ihm und der Gedanke daran, dass er ohne uns klar kommt oder sogar glücklich ist, ist für uns oft beinahe unerträglich.

Sie erinnern sich: Hinter jedem Leid steckt ein unerfülltes Bedürfnis.

Fragen wir uns deshalb nun: Welche Bedürfnisse sind unerfüllt, wenn wir so leiden?

Das ist manchmal leicht zu erkennen, wenn es sich um ein bewusstes Bedürfnis handelt, und manchmal etwas schwerer zu erkennen, wenn es sich um ein unbewusstes handelt, denn nicht alle unsere Bedürfnisse (selbst die ganz wichtigen) sind uns bewusst.

Dennoch müssen wir lernen, beide Arten von Bedürfnissen (die bewussten und die unbewussten) zu erkennen und ernst zu nehmen. Und sie uns zu erfüllen!

Sonst werden wir immer wieder leidern und an Menschen oder Dingen festhalten müssen, weil wir sie zur Erfüllung unserer Bedürfnisse brauchen, da wir selbst keinen Zugang dazu haben.

In unserem Trennungsbeispiel von gerade eben leiden wir an zwei bewussten und einem bei vielen Menschen unbewussten unerfüllten Bedürfnis:

Unser Bedürfnis nach Aufmerksamkeit und unser Bedürfnis nach Nähe (beide durch die

Trennung momentan unerfüllt) sind uns in der Regel bewusst.

Aber auch hinter unserem großen Schmerz über den Gedanken, dass unser Expartner ohne uns problemlos klar kommt oder gar glücklich ist, steckt ein unerfülltes tiefes und sehr berechtigtes Bedürfnis:

Unser Bedürfnis, für einen anderen Menschen wichtig zu sein!

Dieses Bedürfnis gehört zu unseren elementaren Bedürfnissen und es ist vollkommen berechtigt. Und eben deshalb ist es auch so wichtig, dass wir es uns erlauben und uns – mehr noch – dazu entscheiden, uns dieses Bedürfnis (einen Menschen an unserer Seite zu haben, dem wir wichtig sind) zu erfüllen.

Dieses Wichtig-Nehmen und sich-Kümmern um die eigenen Bedürfnisse ist der Kern der Selbstliebe! Wir MÜSSEN uns unsere wichtigen Bedürfnisse erfüllen, wenn wir aufhören wollen zu leiden oder von anderen abhängig zu sein (was ebenfalls zu Leid führt).

Um GLÜCKLICH loslassen zu können, sind also sowohl das Erkennen, als auch der richtige Umgang mit unseren wahren Bedürfnissen entscheidend.

Als Faustregel gilt:

Je größer Ihr Schmerz in einer Situation oder beim Gedanken an eine bestimmte Sache, desto wichtiger ist für Sie das unerfüllte Bedürfnis, das sich dahinter verbirgt. Sie sollten es also unbedingt in Ihr Bewusstsein holen, um dafür sorgen zu können, dass es in Ihrem Leben in Zukunft erfüllt wird.

Gehen wir noch einmal zu unserem Beispiel zurück.

Wenn Sie sich nach dieser Trennung sagen würden:

Es soll wohl einfach nicht sein... Es klappt bei mir einfach nicht mit den Beziehungen, ich bin wohl einfach nicht gut genug. Oder: Ich muss wohl lernen, alleine glücklich zu sein und mich ein für alle Mal von dem Gedanken verabschieden, eine innige Beziehung führen zu können, dann werden Sie in jedem Fall leiden!

Denn Sie muten sich durch solche Gedanken zu, Ihre tiefsten Bedürfnisse und Herzenswünsche zu übergehen und auf Ihr Glück zu verzichten. So grausam sollten Sie niemals mit sich selbst umgehen.

Sie werden sich dann wahrscheinlich in alle möglichen Formen der Ablenkung stürzen, um diesen Schmerz zu betäuben – und in immer wieder kehrenden Momenten (auch noch Jahre später) sehnsüchtig an die Zeit mit Ihrem Expartner zurück denken, als Ihre wahren Herzenswünsche noch erfüllt waren.

Viel besser ist es deshalb, in dieser Situation zu sagen:

Ja! Ich wünsche mir einen Partner, dem ich wichtig bin, und der mir Aufmerksamkeit und

Nähe schenkt. Das ist für mich wichtig und ich stehe dazu! Und ich gönne es mir, mir einen solchen Partner zu suchen und glücklich zu werden. Auch wenn ich noch etwas darauf warten muss, werde ich es niemals aufgeben. Denn ich gönne mir, mein Glück wichtig zu nehmen und ein erfülltes Leben zu leben.

Damit entlassen Sie auch Ihren Expartner aus der Verantwortung, Ihnen dieses wichtige Bedürfnis zu erfüllen.

Nur dann können Sie angstfrei loslassen.

Übrigens:

Wann immer Sie bei der Erinnerung an einen Menschen oder eine Situation noch Jahre später einen sehnsüchtigen Schmerz verspüren, ist das ein Zeichen dafür, dass ein oder mehrere tiefe Bedürfnisse, die damals erfüllt waren, bis heute in Ihrem Leben unerfüllt geblieben sind.

Schauen Sie hier unbedingt genau hin, gestehen Sie sich ein, welches Bedürfnis das ist (auch wenn es vielleicht nicht zu Ihrem Selbstbild passt) und entscheiden Sie sich dazu, einen Weg zu finden, um es in Zukunft auf andere Weise und mit einem anderen Menschen zu erfüllen.

Wenn Sie das nicht tun, werden Ihre unerfüllten Bedürfnisse Sie ein Leben lang verfolgen und Sie immer wieder einholen. Sie werden schlichtweg nicht erfüllt leben, wenn Sie Ihre wahren Bedürfnisse übergehen oder nicht einmal kennen.

Lassen Sie uns also noch einmal zusammenfassen:

Wir MÜSSEN einen Weg finden, unsere tiefen Bedürfnisse zu erkennen und sie uns langfristig zu erfüllen (und zwar mit oder ohne unseren Expartner!), wenn wir loslassen, uns von Leid befreien und glücklich neu starten wollen.

Und jetzt die gute Nachricht:

Es gibt IMMER viele verschiedene Wege, um ein Bedürfnis zu erfüllen.

Wir brauchen zwar für manche Bedürfnisse, wie zum Beispiel unser Bedürfnis nach Nähe und Aufmerksamkeit, andere Menschen, aber wir brauchen niemals EINEN ganz speziellen oder DIESEN EINEN Menschen, um ein tiefes Bedürfnis erfüllt zu bekommen. Niemals. Es gibt IMMER verschiedene Wege.

Das Verstehen unserer wahren Bedürfnisse und dass wir einen Weg finden MÜSSEN, sie langfristig zu erfüllen, ist der erste und entscheidende Schritt zum erfolgreichen Loslassen. Wie Sie diesen Schritt einfach und erfolgreich in Ihrer persönlichen Situation gehen, erfahren Sie im Praxisteil.

Grund Nr. zwei:

Kommen wir nun zu der zweiten Ursache, warum wir an etwas oder an jemandem festhalten und nicht loslassen können, und das ist:

Unsere Angst vor der Veränderung.

Fast jeder Mensch hat Angst vor Veränderung, denn wir müssen uns dabei in unbekannte Gefilde wagen und unsere Komfortzone verlassen und wir wissen nicht, was uns erwartet, wie wir in der neuen Situation zurechtkommen und wie glücklich wir darin sein werden.

Sicher kennen Sie das Sprichwort: Die bekannte Hölle ist besser als der unbekannte Himmel.

Und genau diese Angst vor der Veränderung (und vor dem Verlassen der eigenen Komfortzone) ist auch verantwortlich dafür, dass wir sehr oft viel zu lange in Situationen verharren, in denen wir unglücklich sind oder die uns schaden, anstatt loszulassen und neu zu beginnen.

Das gilt für destruktive Beziehungen ebenso wie für belastende und auslaugende Jobs oder für ein soziales Umfeld, das uns herunter zieht und „Freunde“, die uns nicht gut tun.

Loslassen bringt immer auch einen Neuanfang mit sich, und der macht Angst.

Wenn wir erfolgreich und angstfrei loslassen wollen, dann müssen wir also auch wissen, wie wir gelassen und zuversichtlich mit Veränderungen in unserem Leben umgehen. Auch das werden Sie in diesem Buch ganz praktisch lernen.

Grund Nr. drei:

Die dritte Ursache, warum wir an einem Menschen oder einer Situation festhalten und nicht loslassen wollen, ist unsere (bewusste oder unbewusste) Überzeugung oder Annahme, dass das, was uns erwartet, nachdem wir loslassen, also das, was danach kommt, SCHLECHTER ist, als die Situation davor, also schlechter als das, was wir loslassen.

Wenn wir sicher wären, dass uns nach dem Loslassen etwas Besseres erwartet als bisher, würde uns das Loslassen bedeutend leichter fallen, ja wir würden es vielleicht sogar gerne tun, in freudiger Erwartung auf das, was danach kommt.

Aber unsere Angst vor der Veränderung verzerrt unsere Sicht auf die Realität.

Sicher haben Sie das auch schon erlebt:

Wenn eine Beziehung gegen unseren Willen endet, sind wir sicher, dass wir nie wieder einen so passenden und wunderbaren Menschen finden werden und wir nie wieder so glücklich sein werden wie in dieser Beziehung. Doch zwei Jahre später finden wir uns in einer neuen Partnerschaft wieder, in der wir viel glücklicher sind.

Wie oft glauben wir bei einem Jobverlust, in unserem Alter oder in unserer Lebenssituation keine passende Stelle mehr zu finden und stellen ein Jahr später fest, dass der Jobverlust letztlich sogar gut war, weil sich etwas ergeben hat, das noch viel besser zu uns passt...

Natürlich sollten wir es nicht alleine dem Glück überlassen, was nach dem Loslassen in unserem Leben passiert. Und das müssen wir auch nicht.

Aber diese Beispiele aus der Praxis, die fast jeder kennt, zeigen uns, dass uns unsere Angst und unsere Einschätzung der Zukunft im Moment des Loslassens sehr oft trügen und dass unsere Erwartung von der Zukunft in der

Regel viel düsterer ist, als die Realität tatsächlich ist.

Zudem gibt es Wege, wie wir unsere Zukunft proaktiv selbst gestalten können, und so die Wahrscheinlichkeit ganz bedeutend erhöhen, dass unser Leben nach dem Loslassen besser wird, als davor. Auch dafür finden Sie in diesem Buch eine praktische Anleitung.

Nun kennen Sie also die drei wahren Gründe, warum Sie im Moment (noch) nicht loslassen können.

Im nächsten Kapitel werde ich Ihnen meine 5 Schritte Methode vorstellen, mit der Sie die Illusion von Abhängigkeit auflösen, angstfrei und einfach loslassen und ohne Schmerz und Verdrängung glücklich neu starten!

Danach werde ich Ihnen im Praxisteil genau zeigen, wie Sie jeden dieser Schritte in Ihrer konkreten Situation einfach umsetzen und darüber hinaus Ihr möglicherweise angeschlagenes Selbstwertgefühl wieder aufbauen und in Ihre volle Stärke zurück gelangen.

Lassen Sie uns also beginnen...

TEIL II
Wie Sie sich in 5 Schritten von emotionaler Abhängigkeit befreien, ganz einfach loslassen und glücklich neu starten

Und hier sind sie, die 5 Schritte des erfolgreichen Loslassens in der Übersicht:

Schritt 1:
Ihre wahren Bedürfnisse erkennen

Machen Sie sich bewusst, welche Ihrer Bedürfnisse der Mensch, die Beziehung, die Situation oder die Sache, die Sie loslassen wollen, erfüllt haben, welche jetzt unerfüllt sind.

Seien Sie hier wirklich ehrlich. Gehen Sie in sich und denken Sie in einer ruhigen Stunde genauer darüber nach. Machen Sie sich schriftlich Notizen, um noch mehr Klarheit zu gewinnen).

Denken Sie dabei daran, dass hinter jedem Schmerz, den Sie jetzt gerade empfinden, ein unerfülltes Bedürfnis steht, das Ihnen am Herzen liegt und dessen Unerfülltsein Ihnen weh tut.

Finden Sie dieses Bedürfnis dahinter, schreiben Sie es auf und formulieren Sie es so ehrlich und so genau wie möglich.

Schritt 2:
Ihre Bedürfnisse und Herzenswünsche erfüllen

Lassen Sie wichtige und tiefe Bedürfnisse niemals unerfüllt, sondern finden Sie einen Weg, sie zu erfüllen. Denken Sie daran, dass es immer (!) VIELE verschiedene Wege gibt, um ein Bedürfnis zu erfüllen. Sie sind deshalb niemals von einer ganz bestimmten Person, einem ganz bestimmten Job oder einem bestimmten sozialen Umfeld abhängig, um sich diese Bedürfnisse erfüllen zu können, sondern können andere Wege finden.

Sie können also loslassen und einen ANDEREN Weg dafür finden und müssen nicht verzichten oder leiden.

Überlegen Sie sich nun zu jedem Bedürfnis das Sie notiert haben, das momentan unerfüllt ist, oder das unerfüllt sein wird, sobald Sie loslassen, eine konkrete Lösung, wie Sie es

OHNE die Person oder die Situation erfüllen werden, die Sie loslassen.

Nehmen Sie sich dafür etwas Zeit. Gönnen Sie sich am besten einen Abend für sich alleine oder noch besser einen ganzen Sonntag oder auch ein Wochenende und schreiben Sie zu jedem Bedürfnis auf Ihrer Liste aus Schritt 1 eine konkrete Idee auf, die sich in Ihrer Situation umsetzen lässt (oder noch besser mehrere mögliche Alternativen).

Schritt 3:
Die Angst vor der Veränderung heilen

Bereiten Sie sich auf die Veränderung vor.

Sie werden durch das Loslassen aus Ihrer Komfortzone heraus geworfen und müssen in einer neuen Situation zurechtkommen. Da wir Menschen Gewohnheitstiere sind und uns am liebsten in unserer Komfortzone aufhalten, brauchen Sie gute Gründe, um sich auf das Heraustreten aus der Komfortzone und das Eintreten in eine neue Phase Ihres Lebens zu freuen, anstatt Angst zu empfinden.

Und genau diese Gründe, die Sie motivieren, Ihre Komfortzone verlassen zu WOLLEN, sollten Sie für Ihre konkrete Situation sammeln. Wie Sie das tun, erfahren Sie im Praxisteil.

Schritt 4:
Sich auf ein neues Glück vorbereiten

Eine Veränderung macht Ihnen ebenso weniger Angst, wenn Sie davon ausgehen, dass das, was danach kommt, besser wird, als das was bisher war, mit anderen Worten: Wenn Sie eine positive Erwartung in sich entwickeln von dem, was als nächstes in Ihrem Leben kommen wird.

Entwerfen Sie eine Vision von dem, wie Ihre neue Lebensphase aussehen soll und achten Sie darauf, dass in ihr alle Ihre tiefen Herzenswünsche und Bedürfnisse erfüllt sind.

Gönnen Sie sich eine Lebensphase, die Sie wirklich glücklich macht.

Das Gute ist: Sie müssen jetzt sowieso Ihre Komfortzone verlassen. Da können Sie die Überwindung, die das kostet auch gleich dazu nutzen, sich ganz bewusst eine neue Lebensphase zu schaffen, die Sie so richtig glücklich macht, und Ihr Leben somit selbst steuern und Ihre Umstände erschaffen, anstatt sich von den Umständen steuern und lenken zu lassen.

Wie Sie das am besten tun, und wie Sie außerdem mit einem Trick dafür sorgen, dass Ihre Vision auch Wirklichkeit wird, erfahren Sie ebenfalls im Praxisteil.

Schritt 5:
Sich in Dankbarkeit von der alten Lebensphase verabschieden

Dieser letzte Schritt ist der Abschied von der letzten Lebensphase.

Jeder Mensch, für den wir unser Herz öffnen und jede Lebensphase, die wir durchleben, hinterlässt eine Spur in unserem Leben und das darf sie auch. Je mehr wir das zu verdrängen versuchen, desto mehr wird die alte Situation uns verfolgen und uns nicht loslassen.

Deshalb ist es wichtig, dass wir uns eingestehen und zulassen, dass (und wie) die alte Lebensphase uns geprägt und beeinflusst hat und dass wir nicht in Groll, sondern in Zuversicht loslassen und uns bewusst vom Alten verabschieden, um uns in die neue Lebensphase aufzumachen.

Wie Sie in Dankbarkeit und mit offenem Herzen Abschied nehmen und sich auf das Neue einstellen und freuen können, erfahren Sie ebenfalls im Praxisteil.

Falls es Ihnen schwer fällt, einem Menschen zu verzeihen, den Sie loslassen wollen, dann finden Sie außerdem in diesem Buch ein Kapitel, in dem ich Ihnen Einsicht in die Kunst der Vergebung gebe. Denn wenn wir Groll in uns tragen und nicht vergeben können, dann können wir auch nicht vollständig loslassen.

Mit diesen fünf Schritten und dem zusätzlichen Wissen über die Kunst der Vergebung können Sie schmerzfrei und angstfrei loslassen und glücklich neu beginnen!

Wenn Sie sie auf Ihre ganz persönliche Situation angewendet und sie umgesetzt haben, müssen Sie nicht mehr leiden, denn Sie müssen keine (bewusste oder unbewusste) Angst mehr davor haben, dass etwas wichtiges, das Sie zu Ihrem Glück brauchen, Ihnen durch das Loslassen verloren gehen könnte.

Sie werden Sicherheit haben, dass Ihnen eine erfüllte und glückliche Zeit bevor steht und Sie selbst proaktiv mit dafür sorgen können.

Und Sie müssen auch keine Schuldgefühle empfinden, wenn Sie loslassen (die uns oftmals, ohne dass uns das bewusst ist, an einem Menschen emotional festhalten lassen), weil Sie den Menschen und Ihre Zeit mit ihm gewürdigt und anerkannt haben und sich in liebevoller Absicht und Dankbarkeit von ihm verabschiedet haben.

Wenn Sie die 5 Schritte gegangen sind und die Sicherheit in sich entwickelt haben, dass Sie Ihre tiefsten Wünsche und Bedürfnisse auch ohne diese Person oder diese Sache erfüllen können, wenn Sie erkannt haben, dass Sie nichts mehr von ihr brauchen, dann können Sie irgendwann mit einem liebevollen Blick zurück schauen und hoffen, dass auch die Menschen, die Sie losgelassen haben, sich alle ihre tiefen Bedürfnisse erfüllen werden - ohne Sie - damit auch sie glücklich sein können.

TEIL III
GROSSES PRAXISPROGRAMM: LOSLASSEN UND GLÜCKLICH NEU STARTEN IN 5 TAGEN!

Um bewusst eine alte Lebensphase, eine Beziehung, einen Menschen oder eine bestimmte Situation loszulassen, sollten Sie sich etwas Ruhe und Zeit für sich selbst gönnen.

Ablenkung ist in dieser Situation kontraproduktiv, denn sie führt Sie nur weiter von Ihren wahren Bedürfnissen fort und erschwert es Ihnen dadurch, bei Ihnen selbst anzukommen und sich zunächst einmal wieder um sich selbst und Ihr Leben zu kümmern.

Wenn Sie sich für dieses Praxisprogramm ein Wochenende Zeit nehmen können, dann fahren Sie für zwei Tage in ein Hotel, vielleicht an einen See, in die Berge, in einen Wald oder ans Meer. Gönnen Sie sich diese kleine Neuorientierungs-Zeit, in der Sie Ruhe haben, sich nicht um alltägliche Pflichten wie den Haushalt und ähnliches kümmern müssen und Sie ganz bei sich ankommen können. Fahren Sie in jedem Fall alleine und nehmen Sie ein Notizbuch mit.

Falls Sie sich diese Zeit nicht nehmen können, dann nehmen Sie sich eine Woche lang (5 Werktage) jeden Abend 2-3 Stunden Zeit für sich, in der Sie alleine und ungestört sind und sich auf dieses Programm konzentrieren können. Falls Sie zuhause keine Ruhe haben, setzen Sie sich einfach mit Ihrem Notizbuch in ein ruhiges Cafe.

Wenn Sie ein ganzes Wochenende Zeit haben, dann können Sie die folgenden 5 Schritte in diesem Programm vollständig in dieser Zeit umsetzen. Vielleicht kommen Ihnen bestimmte Gedanken bei einem Spaziergang oder einer Massage im Hotel SPA, oder auch am Pool... Sie müssen dafür nicht 2 Tage lang in Ihrem Zimmer sitzen.

Wenn Sie das Programm an fünf Abenden umsetzen, gilt natürlich das gleiche. Auch hier müssen Sie nicht die ganze Zeit im stillen Kämmerlein sitzen, sondern können ebenso gut eine Wanderung machen, bei der Sie über die Übungen und Ihre Antworten auf die gestellten Fragen nachdenken und sich anschließend in ein Cafe setzen und Ihre Erkenntnisse aufschreiben, oder auch etwas anderes tun, bei dem Ihre Gedanken ungestört fließen können.

Arbeiten Sie an jedem der fünf Tage an einem der 5 Schritte. Für Schritt zwei sollten Sie sich am zweiten Tag jedoch mindestens 3, besser sogar 4 Stunden Zeit nehmen und sich einen Ort suchen, an dem Sie wirklich gut nachdenken können.

Und nun legen wir los:

Schritt 1:
Wie Sie Zugang zu Ihren wahren Bedürfnissen finden

Denken Sie an den Menschen oder die Situation, die Sie loslassen wollen und stellen Sie sich die schönen Momente dabei vor. Die Momente, die Sie richtig glücklich gemacht haben und wegen denen es Ihnen so schwer fällt, ein für alle Mal loszulassen.

Machen Sie sich bewusst, welche Ihrer tiefen Bedürfnisse in diesen Situationen erfüllt waren:

Was war es, das Sie in diesen Situationen wirklich glücklich gemacht hat?

Seien Sie hier wirklich ehrlich. Gehen Sie in sich, denken Sie genauer darüber nach und machen Sie sich schriftlich Notizen, um mehr Klarheit zu gewinnen. Denken Sie dabei daran, dass hinter jedem Schmerz, den Sie jetzt gerade empfinden, ein unerfülltes Bedürfnis steht, das Ihnen am Herzen liegt und dessen Unerfülltsein Ihnen weh tut.

Auch wenn es für Sie zunächst nicht klar erkennbar ist:

Solange Sie beim Gedanken, etwas zu verlieren Schmerz empfinden steckt ein wichtiges Bedürfnis dahinter, von dem Sie wissen oder glauben, es nach dem Loslassen nicht mehr erfüllt zu bekommen. Finden Sie dieses Bedürfnis dahinter, schreiben Sie es auf und formulieren Sie es so ehrlich wie möglich.

Erstellen Sie daraus, ausgehend von den Gedanken, die Ihnen beim Loslassen den größten Schmerz verursachen, Ihre Liste mit IHREN ganz persönlichen wichtigsten Bedürfnissen.

Vielleicht sind das Dinge wie:

- Ich möchte Liebe und Zuwendung geben
- Ich möchte für meine Gesellschaft wertvoll sein, indem ich ihr proaktiv etwas gebe
- Ich möchte von den Menschen um mich herum für wertvoll gehalten werden und Anerkennung bekommen
- Ich möchte Menschen (Kinder) positiv beeinflussen
- Ich möchte finanzielle Sicherheit und Stabilität haben und immer genug Geld für das, was ich zum Leben brauche, sodass ich mir nie wieder Sorgen um Geld machen muss
- Ich möchte in einer tiefen Verbindung (einer Seelenverbindung) zu einem Menschen leben

  Und vieles mehr...

Der Schmerz des Loslassens, den Sie im Moment empfinden, ist Ihnen in Wahrheit eine große Hilfe und ein ausgesprochen nützliches Mittel, um Ihre ganz persönlichen höchsten Werte und Ihre größten Herzenswünsche in diesem Leben herauszufinden. Und diese genau zu kennen und ehrlich anzuerkennen, ist die Voraussetzung dafür, dass Sie sich ein erfülltes und glückliches Leben aufbauen können, in dem sie ganz erfüllt sind.

Jeder Schmerz, den Sie empfinden, weist auf ein unerfülltes Bedürfnis hin und zwingt Sie so dazu, so lange in Ihrem Kopf und in Ihrem Herzen nach diesem Bedürfnis zu suchen, bis Sie es gefunden haben.

Schritt 2:
Wie Sie sich Ihre Bedürfnisse und Herzenswünsche erfüllen, nachdem Sie losgelassen haben

Lassen Sie wichtige und tiefe Bedürfnisse niemals unerfüllt, sondern finden Sie einen Weg, sie zu erfüllen. Denken Sie daran, dass es immer (!) VIELE verschiedene Wege gibt, um ein Bedürfnis zu erfüllen. Sie sind deshalb auch niemals von einer ganz bestimmten Person, einem ganz bestimmten Job oder einem bestimmten sozialen Umfeld abhängig, um sich diese Bedürfnisse erfüllen zu können, sondern können andere Wege finden. Sie können also loslassen und einen ANDEREN Weg dafür finden und müssen nicht verzichten oder leiden.

Ihre Liste mit Ihren ganz persönlichen tiefen Bedürfnissen und Herzenswünschen in diesem Leben dient Ihnen nun als Grundlage für Schritt 2.

Überlegen Sie sich zu jedem Bedürfnis das Sie notiert haben eine konkrete Lösung, wie Sie es OHNE die Person oder die Situation erfüllen, die Sie loslassen.

Nehmen Sie sich dafür etwas Zeit, gönnen Sie sich wie schon gesagt mindestens drei Stunden dafür, besser mehr, und gehen Sie jedes Bedürfnis einzeln durch.

Wenn Sie sich zum Beispiel nach einer Trennung nach Nähe und Zuwendung sehnen, dann kann diese sich zwar nicht ohne einen anderen Menschen einstellen, es wäre für Sie also nicht ratsam, sich in den nächsten Jahren vollkommen zurück zu ziehen und dauerhaft alleine zu bleiben, aber sie kann ohne DIESEN speziellen Menschen erfolgen. Und es gibt noch mehr als 7 Milliarden andere Menschen auf dieser Erde. Zwar ist jeder Mensch einzigartig, aber das GRUNDGEFÜHL, nach dem Sie sich sehnen, ist auch mit mindestens ein paar Millionen anderen Menschen unter diesen 7 Milliarden möglich.

Gehen Sie auf Ihrer Liste Bedürfnis für Bedürfnis durch und überlegen Sie sich zu jedem davon DREI mögliche Wege, wie Sie es vollkommen ohne den Menschen oder die Situation erfüllen können, den Sie loslassen.

Notieren Sie nur Wege, die für Sie realistisch möglich und in Ihrem Leben praktisch umsetzbar wären und die Sie theoretisch sofort oder in naher Zukunft umsetzen könnten.

Je mehr praktische Details Sie sich für die Umsetzung dieser Wege notieren und einen realistischen Plan aufstellen, umso besser.

Schritt 3:
Bereiten Sie sich auf den Neubeginn vor

Wie Sie bereits wissen, scheuen Menschen Veränderungen, weil sie ihre Komfortzone nicht verlassen wollen. Oftmals halten sie alleine nur noch deswegen an etwas fest, das ihnen schon lange mehr schadet als nützt.

In diesem dritten Schritt werden wir uns daher gezielt darauf vorbereiten, die Komfortzone zu verlassen und etwas Neues zu beginnen.

Unsere Komfortzone ist der Bereich, in dem wir uns auskennen und uns wohlfühlen, in dem uns die Dinge leicht fallen und wir uns nicht überwinden müssen. Sie ist bei jedem Menschen unterschiedlich groß und verändert sich im Laufe unseres Lebens. Und sie kann von uns ganz bewusst erweitert werden.

…enn wir uns in eine neue Situati-
… oder etwas tun, vor dem wir

Angst haben, verlassen wir unsere Komfortzone und begeben uns in die Lernzone.

Die Lernzone ist der Bereich, in dem wir unsere Fähigkeiten erweitern, Blockaden lösen und besser werden können.

Dahinter befindet die Panikzone. In sie geraten wir, wenn wir uns zu weit aus unserer Komfortzone herauswagen.

Ängstliche Menschen haben die Tendenz, in ihrer Komfortzone zu bleiben. Mutige Menschen haben die Tendenz, sich aus der Komfortzone heraus in ihrer Lernzone zu bewegen. Sie fühlen sich gefordert, aber auch lebendig in der Lernzone, während ängstliche Menschen die unbekannte Lernzone als besonders bedrohlich erleben.

Ein Beispiel:

Nehmen wir an, Sie sind schüchtern und es fällt Ihnen schwer, fremde Menschen anzurufen. Wenn Sie mit einem alten Freund telefonieren, dann sind Sie in Ihrer Komfortzone, in der Sie sich wohl fühlen.

Wenn Sie in einem Restaurant anrufen müssen um eine Reservierung zu machen, müssen Sie sich aus Ihrer Komfortzone hinaus in die Lernzone bewegen und das kostet Sie bereits Überwindung.

Wenn Sie nun allerdings für Ihre Firma eine internationale Telefonkonferenz mit der Management-Etage aller Konsortialpartner Ihres Unternehmens aufsetzen müssten, um die Vertragsverhandlungen für einen Multi-Millionen-Auftrag zu leiten, dann wären Sie wahrscheinlich in Ihrer Panikzone.

Wenn wir unsere Komfortzone erweitern und in Situationen sicher werden wollen, die uns bisher schwer gefallen sind, dann müssen wir uns dafür zu Beginn etwas überwinden und uns in der ersten Zeit täglich ein Stück aus unserer Komfortzone heraus in die Lernzone wagen.

Aber immer nur ein kleines Stück! Überfordern Sie sich nicht.

Wie aber können wir uns nun dazu motivieren, unsere Komfortzone zu verlassen, wenn wir uns doch offensichtlich außerhalb von ihr nicht wohl fühlen?

Unsere Komfortzone zu verlassen und sie dadurch zu erweitern kostet uns Überwindung. Und um uns zu etwas Unangenehmem zu überwinden, brauchen wir gute GRÜNDE.

Unser WARUM (unsere Motivation) muss stärker sein, als der Widerstand den wir verspüren. Wir benötigen also SEHR gute Gründe und die sollten wir kennen, bevor wir beginnen, unsere Komfortzone zu verlassen und in unserem Leben neu zu starten!

„Wenn Du ein WARUM zum Leben hast, erträgst Du jedes WIE" sagte schon Friedrich Nietzsche.

Diese Worte können wir auf jede Aufgabe übertragen, der wir uns im Leben stellen möchten. Sei es, in einer schwierigen Situation loszulassen und neu zu beginnen, oder etwas anderes zu schaffen, zu dem wir uns überwinden müssen.

Wenn wir einmal unser WARUM dafür gefunden haben, dann werden wir uns überwinden und bereit sein, den Preis dafür zu bezahlen.

Deshalb möchte ich Sie in diesem Schritt dazu einladen, sich, IHR persönliches WARUM, IHREN GRUND, warum Sie bewusst einen Neustart machen und Ihre neue Lebensphase proaktiv selbst gestalten wollen, ganz deutlich bewusst zu machen.

Sie werden merken, dass es Ihnen, sobald Sie Ihr WARUM vor Augen haben, VIEL leichter fallen wird, sich auf die neue Lebensphase, die nun vor Ihnen liegt, zu freuen!

Bitte beantworten Sie daher doch jetzt gleich einmal schriftlich die folgenden vier Fragen:

1. Was konnte ich in der alten Situation / Beziehung / mit diesem Menschen, den ich loslassen möchte NICHT tun/haben/leben, das ich in meiner neuen Lebensphase tun kann? Woran hat mich die alte Situation / dieser Mensch gehindert? (mindestens 5 Dinge notieren, die für Sie wirklich wertvoll sind)

2. Was kann ich erreichen/bekommen/tun/leben, wenn ich einen Neustart wage, das ich bisher nicht oder sogar noch nie in meinem Leben erreicht/bekommen oder getan habe? (mindestens 3 Dinge, besser 5 notieren, die für Sie wirklich wertvoll sind)

3. In welchen Situationen werde ich ganz konkret Vorteile haben, sobald ich losgelassen habe? (mindestens 5 Dinge notieren).

4. In welchen Situationen werde ich ganz konkret Vorteile haben, sobald ich in meine neue Lebensphase gestartet bin?

Schritt 4: Wie Ihre Zukunft besser wird als Ihre Vergangenheit

Eine Veränderung macht Ihnen, wie bereits erwähnt, weniger Angst, wenn Sie davon ausgehen, dass das, was danach kommt, besser wird, als das was bisher war, mit anderen Worten: Wenn Sie eine positive Erwartung in sich entwickeln von dem, was als nächstes in Ihrem Leben kommen wird.

Das haben wir im letzten Schritt bereits in den Grundzügen getan. In diesem Schritt geht es darum, dass Sie eine konkrete Vision von Ihrem neuen Lebensabschnitt entwerfen und entwickeln, die so erstrebenswert und so wunderbar ist, dass sie eine enorm starke Sogkraft entwickelt und sie mit ihrer Attraktivität förmlich zu ihr hin zieht.

Eine wirklich starke Vision wirkt auf uns so positiv faszinierend und berührt uns auf einer so tiefen Ebene, dass wir stark von ihr angezogen werden.

Entwerfen Sie eine Vision für sich von einer geradezu fantastischen und auf tiefster Ebene erfüllenden neuen Lebensphase, in der Sie vor Glück sprühen.

Achten Sie unbedingt darauf, dass in ihr alle Ihre tiefen Herzenswünsche und Bedürfnisse von Ihrer Liste aus Schritt 1 erfüllt sind. Lassen Sie Ihrer Kreativität freien Lauf und gönnen Sie sich eine Lebensphase, die Sie wirklich glücklich macht.

Der große Vorteil in Ihrer aktuellen Situation ist:

Sie müssen jetzt sowieso Ihre Komfortzone verlassen. Da können Sie die Überwindung, die Sie das kostet auch gleich dazu nutzen, sich ganz bewusst eine wirklich grandiose neue Lebensphase zu schaffen, die Sie glücklich macht, Ihr Leben also selbst zu steuern und Ihre Umstände zu erschaffen, anstatt sich von den Umständen steuern und lenken zu lassen.

Schreiben Sie sich Ihr Traumleben auf. Formulieren Sie es positiv und in der Gegenwart, so als wäre es bereits Wirklichkeit (z.B. Ich lebe in einer tiefen Seelenverbindung voller Nähe und Verständnis...)

Und dann nutzen Sie das Gesetz der Anziehung – und zwar richtig!

Reservieren Sie sich dafür für die nächsten 30 Tage jeden Abend direkt vor dem Schlafengehen 15 Minuten Zeit, um Ihre neue Lebensphase zu visualisieren.

Schließen Sie in diesen 15 Minuten die Augen und denken Sie an Ihr Traumleben. Sie können sich zu Beginn vorher auch Ihre Notizen dazu kurz durchlesen.

Es gibt hier allerdings etwas zu beachten:

Es gibt einen entscheidenden Trick, den Sie bei Ihrer abendlichen Visualisierung beachten müssen, damit das Gesetz der Anziehung wirkt. Und hier verrate ich ihn Ihnen:

Erschaffen Sie aus dem Gedanken an Ihr Traumleben STARKE und TIEFE Emotionen!

Fühlen Sie sich in den Zustand hinein, in dem Sie das, was Sie sich wünschen, mit voller Aufmerksamkeit tun / genießen / erleben /nutzen und dabei große Freude erleben!

Malen Sie sich die Situation in schillernden Farben aus und spüren Sie sich selbst in der Situation mit allen Details, bis wirklich starke Emotionen in Ihnen entstehen, die Sie sogar körperlich spüren.

Wenn Sie sich tiefe gegenseitige Liebe zu einem Menschen wünschen, dann spüren und sehen Sie einen Menschen vor sich, und zwar wirklich intensiv, mit seinem gesamten Energiefeld, seiner Ausdrucksweise, seiner Gestik und Mimik, seinen Augen. Sehen Sie seinen inneren Kern, sein Wesen, spüren Sie intensiv die Liebe zu diesem Menschen, spüren Sie, wie Sie ihn in den Arm nehmen und sein Herz schlagen spüren...Und spüren Sie, wie er Ihr Inneres sieht und Sie versteht.

Stellen Sie sich diese Situation ganz konzentriert für wenige Minuten so intensiv vor, dass wirklich starke Emotionen in Ihnen entstehen.

Wiederholen Sie diese intensive Form der Visualisierung wirklich 30 Abende und FREUEN Sie sich tief über das, was Sie sich wünschen. In Ihrem Kopf ist Ihr Traum längst Wirklichkeit geworden. Lassen Sie sich in Ihrer Vorstellung ganz und gar davon erfüllen!

Genau das ist der entscheidende Trick, mit dem Sie durch Ihre tägliche Visualisierung nicht nur in Ihrem Inneren, sondern auch im Außen Fülle in Ihr Leben ziehen:

Es reicht nicht, nur zu DENKEN: Ich lebe jetzt dieses Traumleben und habe oder erlebe dieses oder jenes und es ist großartig... Sie müssen es FÜHLEN!

Nur durch Emotionen erhöhen Sie Ihre Körperfrequenz so, dass Sie im Außen durch das Gesetz der Resonanz diese Fülle anziehen.

Wenn Sie dieses kleine aber enorm machtvolle Ritual täglich ausüben, und sich dabei ganz gezielt Situationen vorstellen, in denen Ihre tiefen Bedürfnisse voll und ganz erfüllt sind (und zwar ohne die Person oder Situation, aus Ihrem alten Leben, die Sie loslassen wollen), dann werden Ihre Vorstellungskraft und Ihr Fokus eine Kraft für Sie entwickeln, die Sie selbst kaum fassen können.

Und diese Kraft wird in einer enormen Geschwindigkeit Fülle, Freude, Liebe, inneren und äußeren Reichtum im Überfluss und jede Menge wundervolle Dinge in Ihr Leben ziehen, von denen Sie womöglich Jahrzehnte lang geträumt und die Sie schon nicht mehr für möglich gehalten haben.

Sie werden sich in einer Situation wiederfinden, in der wirklich alle Ihre Bedürfnisse und

Herzenswünsche, die Sie aufgeschrieben (und visualisiert) haben, vollkommen erfüllt sind.

Visualisierung so angewendet wird Ihr Leben mit einer enormen Kraft revolutionieren und auf eine ganz neue Stufe bringen.

Probieren Sie es aus!

Schritt 5:
Wie Sie sich in Dankbarkeit verabschieden und in Liebe loslassen

Unmittelbar bevor Sie sich in Ihre neue Lebensphase begeben, sollten Sie nun den entscheidenden Schritt gehen, um wirklich dauerhaft und ohne (unbewusste) Schuldgefühle ein für alle Mal loszulassen:

Dieser letzte Schritt ist der ganz bewusste und wertschätzende Abschied von der letzten Lebensphase. Jeder Mensch, für den wir unser Herz öffnen und jede Lebensphase, die wir durchleben hinterlässt eine Spur in unserem Leben. Und je mehr wir das zu verdrängen versuchen, desto mehr wird die alte Situation uns verfolgen und uns nicht loslassen.

Deshalb ist es wichtig, dass wir uns eingestehen und zulassen, dass die alte Lebensphase uns geprägt und beeinflusst hat und dass wir nicht in Groll, sondern in Zuversicht loslassen und uns bewusst und in Dankbarkeit von der

Vergangenheit verabschieden, um uns in die neue Lebensphase aufzumachen.

Das fällt sehr schwer und ist nahezu unmöglich, solange wir uns noch von dieser Person oder Situation abhängig fühlen, weil wir glauben, sie für Glück und Erfüllung zu brauchen.

Sobald wir jedoch unseren Gedanken, wir bräuchten sie zur Erfüllung unserer Bedürfnisse als Illusion enttarnt haben, können und sollten wir den Wert anerkennen, den wir geschenkt bekamen, durch ihre Anwesenheit in unserem Leben.

Wir können nicht loslassen, was wir nicht in vollem Ausmaß wertgeschätzt und in seiner vollen Größe und Bedeutung anerkannt haben, denn das unbewusste Kleindenken von etwas Wertvollem erzeugt Schuldgefühle in uns, die uns in der Regel nicht bewusst sind.

Wenn wir jedoch seinen Wert anerkennen und für die Bereicherung in unserem Leben dankbar sind, dann können wir das Positive, das uns diese Begegnung oder Lebensphase geschenkt hat, in unserem Gefühl mit in die Zukunft nehmen, ohne noch von ihr abhängig zu sein.

Nehmen Sie deshalb in diesem fünften Schritt bewusst Abschied von dem, was Sie loslassen, erkennen Sie seinen Wert (an) und bedanken Sie sich.

Tun Sie es, indem Sie die folgenden fünf Fragen schriftlich für sich beantworten und gönnen Sie sich etwas Zeit und Ruhe für die Arbeit an diesen Antworten:

1. 5 Dinge/Erlebnisse/Gefühle, mit denen mich diese Person oder Situation bereichert hat und für die ich tief dankbar bin

2. 5 Dinge, die diese Person und Situation zu einem Geschenk für mein Leben gemacht haben

3. 5 konkrete Gründe, warum ich dankbar sein kann, dass ich diese Situation / Person für eine Zeit in meinem Leben hatte - oder: Wie und womit mich diese Situation / Person konkret bereichert und glücklich gemacht hat

4. 5 gute Dinge, die Sie der Person (wenn Sie eine Person loslassen wollen) von Herzen für ihr Leben wünschen (die NICHTS mit Ihnen zu tun haben und auch NICHT von Ihnen kommen) aus Dankbarkeit dafür, dass sie Ihr Leben bereichert hat.

5. 3 gute Dinge, die Sie dieser Person (wenn eine Person involviert ist) wünschen, weil Sie erkennen, dass sie eine gute Seele ist, die das Beste verdient und auch ihre tiefen Bedürfnisse erfüllt bekommen soll.

Nachdem Sie diese 5 Fragen beantwortet haben, schreiben Sie dem Menschen, den Sie loslassen möchten (wenn es sich um einen Menschen handelt) einen Abschiedsbrief, in dem Sie ihm Ihre ehrliche Wertschätzung zeigen, seinen Wert anerkennen und ihn aus seinen Verpflichtungen entlassen.

Das könnte zum Beispiel so aussehen:

Ich entlasse Dich heute aus der Verpflichtung, meine Bedürfnisse erfüllen zu müssen und in meinem Leben bleiben zu müssen.

Du hast mich eine Zeit lang glücklich gemacht und dafür danke ich Dir.

Nun werde ich weiter ziehen und mir auf andere Weise ein glückliches Leben aufbauen. Ich werde dafür sorgen, dass die wirklich wichtigen Bedürfnisse erfüllt sind, aber keine Sorge: Du musst dafür nichts mehr tun.

Und ich wünsche mir von Herzen, dass auch Du in eine Lebensphase aufbrichst, in der Du für Dein Glück sorgst.

Alles, was ich Dir in unserer gemeinsamen Zeit geschenkt habe, habe ich Dir von Herzen gegeben und ich bin glücklich, wenn ich Dich damit bereichern konnte.

Und alles, was Du mir geschenkt hast, nehme ich mit offenem Herzen an und werde es in meine Zukunft mitnehmen, denn Du und Deine

Geschenke dürfen auch in Zukunft einen liebevollen kleinen Platz in meinem Herzen behalten.

Schicken Sie diesen Brief nicht ab (es sei denn, Sie möchten das), sondern heben Sie ihn 3 Tage in Ihrem Geldbeutel auf, wo Sie ihn immer bei sich tragen und verbrennen oder zerreißen Sie ihn am dritten Tag und werfen ihn fort, sodass Sie vollkommen frei sind für Ihr neues Leben.

Nun haben Sie eine genaue Anleitung für die 5 Schritte, mit denen Sie schmerzfrei und angstfrei loslassen, sich von Abhängigkeit befreien und glücklich und frei neu beginnen!

Wenn Sie sie auf Ihre ganz persönliche Situation angewendet und sie umgesetzt haben, müssen Sie keinen Schmerz mehr empfinden, denn Sie müssen keine (bewusste oder unbewusste) Angst mehr davor haben, dass wichtige Dinge, die Sie zu Ihrem Glück brauchen, Ihnen durch das Loslassen verloren gehen.

Sie werden Sicherheit haben, dass Ihnen eine erfüllte und glückliche Zeit bevor steht und Sie selbst proaktiv mit dafür sorgen können. Und Sie müssen auch keine Schuldgefühle empfinden, wenn Sie loslassen (die uns oftmals, ohne dass uns das bewusst ist, an einem glücklichen Neustart hindern), weil Sie den Menschen und Ihre Zeit mit ihm gewürdigt und anerkannt haben und sich in liebevoller Absicht von ihm verabschiedet haben.

Wenn Sie die 5 Schritte aus diesem Praxisprogramm gegangen sind und sich von der Illusion der Abhängigkeit befreit haben, wenn Sie die Sicherheit entwickelt haben, dass Sie Ihre tiefsten Wünsche und Bedürfnisse auch anders erfüllen können und werden, wenn Sie erkannt haben, dass Sie nichts mehr von dem Menschen brauchen, den Sie loslassen möchten, dann können Sie, unmittelbar bevor Sie in Ihrem Leben neu beginnen, mit einem liebevollen Blick zurück schauen und hoffen, dass auch er sich alle seine tiefen Bedürfnisse erfüllen wird - ohne Sie.

Es ist nicht Ihre Verantwortung, sondern seine. Aber Sie können es ihm wünschen.

Groll loslassen: Die Kunst der Vergebung (ohne Selbstaufgabe)

Wenn Sie in Groll an eine alte Situation oder Person gefangen sind und es Ihnen schwer fällt, sich von diesem Groll zu lösen und loszulassen, dann kann Ihnen das Wissen aus diesem Kapitel zu dem entscheidenden Perspektivwechsel verhelfen, den Sie benötigen, um aus vollem Herzen verzeihen zu können, OHNE dabei Ihre eigenen Bedürfnisse und Grenzen zu übergehen:

Wenn wir wirklich verzeihen wollen, dann müssen wir annehmen, was der Andere getan hat und dafür müssen wir es verstehen.

Und dafür verrate ich Ihnen eine kleine und einfache, aber überaus wirkungsvolle Methode die in 90 Prozent der Fälle sofort Spannungen und Wut zu großen Teilen auflöst, und unsere gedankliche Fokussierung auf die Person oder das, was Sie uns angetan hat, löst. Sie verschafft uns dadurch Erleichterung und die Möglichkeit, unseren Fokus von dieser Sache oder Person abzuwenden und uns etwas Neuem zuzuwenden.

Und hier ist sie:

Auch wenn wir das, was ein Mensch uns angetan hat, nicht richtig finden, und wir uns endgültig von diesem Menschen gelöst haben oder lösen werden, so müssen wir - um wirklich annehmen zu können - erkennen, dass das Verhalten des Anderen in dem Moment FÜR IHN Sinn gemacht hat!

WIR können diese Situation vollkommen anders werten. Wir können uns darüber empören, uns verletzt fühlen und es persönlich nehmen soviel wir wollen... Doch vergeben können wir nur, wenn wir verstehen, dass das, was der Andere getan hat, IN SEINEN AUGEN in diesem speziellen Moment das Beste war, das er tun konnte und dass es für ihn Sinn ergeben hat.

Er hat es vielleicht getan, um sich zu schützen, oder als Reaktion auf eine vermeintliche Benachteiligung im Leben, vielleicht aus einer Angst heraus, die für Sie gar nicht nachvollziehbar ist, und vielleicht auch aus einem Neidgefühl, das er nicht ertragen konnte und das ein Beweis für sein schwaches Selbstvertrauen ist. (Wenn wir etwas an Anderen sehen, das wir wollen und glauben, es bekommen zu können, hegen wir Bewunderung. Wenn wir etwas an Anderen sehen das wir wollen und überzeugt sind, es niemals bekommen zu können, hegen wir Neid und Missgunst und agieren nicht selten destruktiv und zerstören damit den Spiegel, mit dem der Erfolg des anderen uns unsere eigene gefühlte Unfähigkeit vorhält).

Verstehen Sie SEINE Gründe! Er hatte Gründe! IMMER! Auch wenn sie ihm selbst vielleicht gar nicht bewusst waren und sind. Erkennen

Sie dadurch, dass es absolut nichts mit Ihnen zu tun hatte, sondern mit SEINEN Gedanken, seinen Bedürfnissen, seiner Weltsicht und seinen persönlichen Gründen.

In dem Moment, in dem Sie das verstanden haben und es klar sehen können, werden Sie über der Sache stehen.

Wir sind frei - und wir können uns aussuchen, mit wem wir uns umgeben. Aber wenn wir lernen, nicht nur äußerlich loszulassen und neu zu beginnen, sondern auch innerlich loszulassen und wirklich zu vergeben, dann werden wir nicht nur äußerlich, sondern auch innerlich frei...

TEIL IV
IN 6 SCHRITTEN ZURÜCK ZU EINEM STARKEN SELBSTWERTGEFÜHL

Wenn wir vor der Herausforderung stehen, eine Situation oder einen Menschen loszulassen, dann sind dieser Situation nicht selten Geschehnisse voraus gegangen, die unser Selbstwertgefühl stark angekratzt oder sogar zu Teilen zerstört haben.

Vielleicht haben wir eine schlimme oder demütigende Trennung oder eine entwürdigende Ablehnung erlebt, oder einen Jobverlust oder eine persönliche Pleite erlitten, die uns an uns selbst zweifeln, ja uns vielleicht sogar selbst verachten lässt.

Unser Selbstbild und unser Wissen um unseren eigenen Wert (unser SelbstwertGEFÜHL) und um unsere innere Stärke und Unabhängigkeit sind dann mitunter stark beschädigt.

Wenn Sie jedoch erfolgreich loslassen und wirklich frei werden und neu starten wollen, dann benötigen Sie ein positives Selbstbild, einen starken Glauben an sich selbst und die tiefe Überzeugung und das Wissen darum, dass Sie genau richtig sind, so wie Sie sind und dass diese vermeintliche „Niederlage" absolut NICHTS mit Ihrem Wert zu tun hat. Sie müssen außerdem lernen, sich selbst echtes Glück zu gönnen. Warum das sehr viel mit Ihrem Selbstwertgefühl zu tun hat, erfahren Sie in diesem Buchteil.

In diesem vierten Teil dieses Buches werde ich Ihnen daher zeigen, wie Sie systematisch Ihr Selbstwertgefühl und auch Ihr Selbstvertrauen (wieder) aufbauen.

Sollte Ihr Selbstwertgefühl in irgendeiner Weise durch die Situation, die Sie erlebt haben und die Sie vor die Herausforderung des Loslassens gestellt hat, gelitten haben, oder sollten Sie allgemein unter einem niedrigen

Selbstwertgefühl leiden, dann gehen Sie die folgenden 6 Schritte.

Das können Sie parallel zu den fünf Schritten des Loslassens tun, oder auch vorher, je nachdem, wie stark Ihr Selbstwertgefühl Schaden genommen hat. Entscheiden Sie hier einfach nach Ihrem Gefühl. Das weiß bereits, was Sie jetzt als erstes brauchen.

Schritt 1:
Sie sind richtig

Ein Mensch mit einem gesunden Selbstwertgefühl ist der Überzeugung, dass er grundsätzlich richtig und ein guter Mensch ist, dass er das Beste verdient und dass das, was er kann, tut und ist, ausreichend ist und einen Wert hat.

Kurz: Er findet sich richtig, so wie er ist und glaubt, dass er für die Welt wertvoll ist, und er möchte deshalb auch das Beste für sich selbst.

Er plagt sich nicht mit Gedanken herum, dass er besser oder anders sein sollte oder dass er etwas Gutes, das ihm geschieht, nicht verdient hat. Er gönnt sich das Beste und sorgt auch aktiv dafür, dass es ihm gut geht.

Andere Menschen bemerken das, sie spüren seine innere Grundhaltung und beginnen, ihn ebenfalls mit mehr Respekt und Umsicht zu behandeln, was sein positives Selbstbild weiter verstärkt.

Leider hat unsere natürliche positive Grundhaltung uns selbst gegenüber, mit der wir alle geboren wurden, bei vielen von uns im Laufe der Jahre Schaden genommen: Durch Kritik und Ermahnungen von außen, durch Leistungsdruck, überhöhte Standards durch die Medien, durch schwere Trennungen in Partnerschaften, oder traumatische Ereignisse, aber auch durch offene oder versteckte Ablehnung von anderen, wenn wir bestimmte Ansprüche nicht erfüllt oder bestimmten Trends nicht entsprochen haben.

Unsere Liebe und Freundschaft zu uns selbst wurde bei vielen von uns im Laufe der Jahre ganz allmählich zerstört und meist unmerklich durch eine kritische innere Stimme ersetzt, die uns antreibt, ermahnt, uns in Frage stellt und kritisiert und die uns all das sagt, was uns früher einmal von außen eingeredet oder auch, was anderen Menschen, die uns nahe standen, früher in unserer Gegenwart gesagt wurde.

Wenn wir zu unserer natürlichen inneren Grundhaltung und unserem angeborenen Selbstwertgefühl zurück finden wollen, dann sollten wir die folgenden fünf Dinge tun:

Erstens:
Ein Gespür für uns selbst entwickeln (siehe Schritt 1)

Zweitens:
Uns unseren Wert für die Welt bewusst machen (siehe Schritt 2)

Drittens:
Uns das Beste gönnen lernen (siehe Schritt 3)

Viertens:
Unseren Anspruch an das Leben neu festlegen (siehe Schritt 4)

Fünftens:
Unseren inneren Kritiker zum Schweigen bringen (siehe Schritt 5)

In diesem ersten Schritt möchte ich Ihnen eine sehr simple, aber ungeheuer mächtige Übung verraten, mit der Sie innerhalb von wenigen Tagen eine Verbindung zu Ihrem inneren Kern aufbauen und ein Gespür für sich selbst entwickeln, gleichzeitig eine große innere Kraft und eine starke Widerstandskraft entwickeln und lernen, Ihren Fokus und Ihre Gedanken zu kontrollieren.

Ich empfehle Ihnen, diese Übung morgens und abends für jeweils wenige Minuten zu machen.

Täuschen Sie sich nicht, falls Ihnen diese Übung beim ersten Lesen trivial erscheinen sollte. Sie ist die Basis für ein starkes Selbstbewusstsein. Nur wenn wir uns selbst spüren, können wir uns wirklich kennen, und nur dann können wir uns selbst einschätzen lernen (die Basis für ein starkes Selbstvertrauen) und uns wertschätzen (die Basis für ein gesundes Selbstwertgefühl). Wenn Sie Ihr Selbstbewusstsein stärken wollen, machen Sie die Übung daher auf jeden Fall!

Setzen Sie sich bequem und mit aufrechtem Rücken im Schneidersitz auf einen harten Untergrund (z.B. auf einen Teppich), schalten Sie Ihr Telefon aus und schließen Sie die Augen. Atmen Sie ruhig ein und aus und beginnen Sie, Ihre Aufmerksamkeit auf Ihren Atem zu richten und ihn zu verfolgen, bis Sie innerlich ruhig werden.

Stellen Sie sich dann eine weiße Fläche vor. Sobald Gedanken, Bilder oder Erinnerungen auftauchen (was bei Anfängern in der Regel alle paar Sekunden geschieht), schieben Sie diese Gedanken und Bilder beiseite, bis die weiße Fläche vor Ihrem inneren Auge wieder frei ist. Verlieren Sie die weiße Fläche niemals aus dem Blick.

Wenn Sie nach einigen Minuten die Augen wieder öffnen, werden Sie sich unmittelbar stärker, klarer, in sich ruhend und mit sich verbunden fühlen. Und mit jeder Meditation nimmt diese Wirkung zu, da Ihre Konzentrationsfähigkeit immer weiter trainiert wird.

Diese kleine, trivial klingende Übung – eine Zen-Meditation - ist eine hoch effektive Methode, um Konzentration und Fokus zu schärfen und eine Verbindung zu unserem inneren Kern und unserer inneren Kraft herzustellen. Sie trainiert darüber hinaus unsere innere Widerstandskraft und unsere Fähigkeit, Abläufe selbst zu steuern und zu kontrollieren und schafft dadurch mit sehr wenig Aufwand die perfekte Basis für ein wirklich starkes Selbstbewusstsein. Probieren Sie es aus!

Wahrscheinlich wird es Ihnen anfangs nicht möglich sein, sich 10 Minuten voll zu konzentrieren. Das ist kein Problem, steigern Sie sich dann einfach langsam. Beginnen Sie mit 4 oder 5 Minuten voll konzentrierter Meditation morgens und abends und steigern Sie sich jeden Tag um eine Minute. Wichtig ist aber, dass Sie in diesen Minuten wirklich alles geben und 100% konzentriert bleiben.

An Tagen, an denen Sie sehr müde oder gestresst sind, nehmen Sie sich nur 3 Minuten bei wirklich voller Konzentration, aber bleiben Sie ebenfalls zu 100% präsent und kontrollieren Sie in diesen 3 Minuten Ihre Gedanken vollständig. Dadurch erzielen Sie eine größere Wirkung als mit 10 oder 20 Minuten halbherziger Meditation mit abschweifenden Gedanken.

Schritt 2:
Lernen Sie Ihren Wert kennen

Ich habe eine ungewöhnliche Frage an Sie:

Welchen Wert haben Sie eigentlich für die Welt?

Die wenigsten von uns können diese Frage beantworten. Vielleicht wissen wir zwar, was uns besonders und einzigartig macht (manchmal wissen wir auch das nicht), aber woher wissen wir, wie wertvoll uns das für die Welt macht und inwiefern die Welt von unserer Einzigartigkeit profitiert?

Der Schlüssel zu einem gesunden Selbstwertgefühl liegt jedoch genau hier: Wir müssen unseren eigenen Wert nicht nur kennen, sondern auch wissen, dass und wie wir ihn der Welt (oder unserer Umgebung) zur Verfügung stellen, sodass unser Umfeld auch davon profitiert und bereichert wird. Denn selbst die größten Talente stiften keinen Wert, solange sie ungenutzt bleiben.

Ich bin davon überzeugt, dass jeder Mensch einen Gewinn für seine Umgebung darstellen kann, wenn er es möchte, und wunderbare Dinge zu geben hat. Aber wer sich dessen nicht bewusst ist, wird diese Dinge auch nicht geben können. Er hat zu seinem inneren Reichtum keinen Zugang und behält ihn ungenutzt in sich. Dort verkümmert er mit den Jahren, weil er nicht wahrgenommen, genutzt und geteilt wurde.

Tun Sie daher doch einmal etwas Ungewöhnliches:

Nehmen Sie sich etwas Zeit und ein Notizbuch und ziehen Sie sich zurück. Machen Sie sich nun Gedanken darüber, was Sie wertvoll macht:

Notieren Sie 5 Dinge, für die andere Menschen Sie schätzen, 5 Dinge, für die Sie Komplimente bekommen oder früher bekommen haben, 5 Dinge, die Sie als Kind besonders liebenswert gemacht haben, 5 Situationen, in denen Sie anderen Menschen wirklich geholfen oder sie voran gebracht haben und 5 Situationen, in denen Sie einen Menschen tief glücklich gemacht haben.

Erkennen Sie einen roten Faden? Etwas, das Sie und Ihre Fähigkeiten ausmacht und mit dem Sie die Welt bereichern können? Schreiben Sie es auf.

Im zweiten Schritt machen Sie sich Gedanken darüber, inwiefern Sie Ihren Wert der Welt zur Verfügung stellen: Was von den Dingen, die Sie oben notiert haben, haben Sie im letzten Monat und in der letzten Woche getan oder gegeben?

Wenn vieles von dem schon längere Zeit zurück liegt, dann machen Sie sich keine Sorgen, Sie können sich jederzeit neu entscheiden. Sie hatten sicher gute Gründe dafür, die Dinge, die Sie zu geben haben, zunächst in sich zu behalten. Aber wollen Sie das weiterhin tun? Oder möchten Sie sich heute entscheiden, Ihre Gaben der Welt wieder zur Verfügung zu stellen? Notieren Sie 10 Dinge, mit denen Sie die Welt (oder Ihre Umgebung) ab heute regelmäßig bereichern wollen.

Falls Sie Schwierigkeiten haben, den Gedanken überhaupt zuzulassen, dass Sie wertvoll für diese Welt oder für die Menschen um Sie herum sind oder sein können (ein Zeichen für sehr wenig Selbstliebe – arbeiten Sie dann am besten nach diesem Programm auch einmal gezielt an Ihrer Selbstliebe), dann habe ich für den Anfang einen sehr hilfreichen Tip für Sie:

Sehen Sie sich den Film „Ist das Leben nicht schön“ mit James Stewart und Donna Reed aus dem Jahr 1946 an. Er erzählt auf wunderschöne und berührende Weise die Geschichte eines Mannes, der sich wegen seiner Schulden am Heiligabend das Leben nehmen will. Das wollen die „himmlischen Mächte“ jedoch nicht zulassen: Ein Engel rettet ihn und führt ihm vor Augen, was aus dem Ort und seinen Bewohnern geworden wäre, hätte er nie gelebt... Erst dadurch wird ihm bewusst, wie viele Leben er bereichert und positiv beeinflusst hat und wie wichtig es für die Welt ist, dass es ihn gibt.

Dieser Film wird Sie sich selbst und auch Ihr Leben mit völlig anderen Augen sehen lassen.

Schritt 3:
Warum Sie das Beste verdienen

Viele von uns haben – ohne es zu merken - einen sehr geringen Anspruch an das Leben. Wir glauben dann zum Beispiel, gutes Geld zu verdienen, stünde uns nicht zu – das wäre unfair gegenüber denjenigen, die nicht so viel haben. Auch eine glückliche Beziehung, ein harmonisches Familienleben oder eine tolle Karriere zu haben, ohne uns sehr dafür mühen oder Stress aushalten zu müssen, können wir uns nicht vorstellen. Wer einen tollen Job hat, der muss nun mal auch regelmäßig Überstunden machen, denken wir. Und wer drei Kinder großzieht, der muss eben selbst für eine Zeit zurück stecken und kann nicht zugleich entspannt sein und gut auf sich selbst achten.

Wir glauben fast immer, dass wir uns entscheiden müssen. Wenn wir etwas Schönes haben, dann müssen wir dafür entweder einen hohen Preis zahlen, oder aber auf etwas anderes schönes verzichten, so denken wir. Manchmal ist das tatsächlich so. Aber allzu oft schränken wir uns vollkommen unnötig ein, wäre unser Zurückstecken anderer Interessen gar nicht notwendig, wenn wir etwas Bestimmtes haben möchten. Wir erlauben uns zu wenig. Wir sind in einem Mangeldenken gefangen, in dem wir glauben, es gäbe von allem zu wenig.

Tatsächlich können wir jedoch (fast) immer viel mehr haben als wir glauben. Wir müssen unser Mangeldenken dafür aber gegen ein Überflussdenken eintauschen, müssen beginnen, die zahlreichen Geschenke zu erkennen, den das Universum uns anbietet und die wir nur annehmen müssen, und wir müssen unseren Blick fort von Beschränkung und Mangel und hin zu Überfluss, Fülle, Reichtum und Glück richten. Unser Leben wird früher oder später so aussehen wie unsere Gedanken und wir bekommen letztendlich das, was wir vom

Leben erwarten. Wenn wir also unser Leben ändern wollen, dann müssen wir zuerst unsere Gedanken ändern.

Öffnen Sie sich für neue Gedanken und ersetzen Sie die Worte „entweder…oder" durch die Worte „sowohl…als auch":

Es ist nicht ausgeschlossen, sehr gutes Geld zu verdienen (auch für Sie!), einen tollen Job zu haben und dennoch dafür zu sorgen, dass Sie um 18 Uhr nach Hause gehen. Wir können wunderbare Eltern sein und trotzdem stets gut auf uns selbst achten. Wir dürfen viel mehr haben als wir glauben! Und oftmals müssen wegen unseres Wunsches nicht einmal unbedingt Andere zurückstecken. Wir müssen es uns nur erlauben! Denn selbst wenn das Universum uns unseren Traumjob, den Traumpartner und das große Glück vorsetzt, so werden wir es abblocken und mit allen Kräften aus unserem Leben fernhalten, wenn wir überzeugt sind, es nicht verdient zu haben.

ERLAUBEN SIE SICH GLÜCK!

Wenn wir uns dieses Glück gönnen und uns erlauben, schöne Dinge im Leben zuzulassen, dann wird alleine dadurch bereits unser Selbstwertgefühl zunehmen, denn wir signalisieren uns mit dieser Haltung, dass wir es wert sind, Glück und Fülle zu genießen.

Betrachten Sie heute einmal die Bereiche in Ihrem Leben, in denen Sie häufig den Kürzeren ziehen, Ihre Interessen hinten anstellen und dadurch unzufrieden sind: Seien Sie jetzt ganz ehrlich:

Was, glauben Sie, steht Ihnen in diesen Bereichen zu?

Diese Frage ist nicht leicht zu beantworten und sie kostet Überwindung. Wer gesteht sich schon gerne ein, dass er selbst aktiv sein Glück von sich fern hält... Dann wären wir ja selbst schuld an unserer Unzufriedenheit und hätten uns womöglich jahrelang selbst unglücklich gemacht.

Überwinden Sie sich trotzdem!

Denn selbst wenn das bisher so war, können wir jederzeit eine neue Entscheidung treffen! Auch wenn wir uns die letzten 30, 40, oder auch 70 Jahre kein Glück erlaubt haben (in bestimmten Lebensbereichen oder auch in allen), so können wir uns jetzt dazu entscheiden, ab heute das große Glück zuzulassen! Es uns zu erlauben! Wenn wir selbstbewusst nach den schönen Dingen im Leben greifen wollen, so müssen wir uns das zuvor erst einmal erlaubt haben!

So verrückt es ist: Aber oft erlauben wir uns selbst unser Glück nicht!

Da die Überwindung bei vielen Menschen sehr groß ist, Schreiben Sie zunächst nur 3 Bereiche auf, in denen Sie sich momentan kein echtes, großes Glück gönnen wollen.

Machen Sie sich nun Ihre Gründe dafür klar, indem Sie zu jedem Bereich nur 5 kurze Sätze oder Stichworte notieren: Was würde passieren, wenn Sie es doch täten? Wem tun Sie weh, wenn Sie das große Glück in Ihr Leben lassen? Wen müssen Sie zurück lassen? Wen wollen Sie nicht verlieren oder nicht verunsichern? Warum haben Sie es nicht verdient?

Vervollständigen Sie nun zu jedem Ihrer drei Bereiche die folgenden Sätze:

Sobald ich das große Glück lebe, kann ich ... (Personen, die Sie lieben)... auf mein Glückslevel hochziehen und sie endlich auch glücklich machen! Ich verlasse sie jetzt für kurze Zeit, um den Weg zu meinem Glück zu gehen. Sobald ich dort bin, hole ich sie zu mir. Sie müssen sich nicht verändern. Ich werde aus eigener Kraft dafür sorgen, dass sie zu mir in den Zustand von Fülle, Reichtum und großem Glück kommen können. Ich werde sie nicht im Stich lassen.

Dieses Versprechen ist eine wirksame Methode, um Schuldgefühle und Minderwertigkeit zu überwinden und einen guten Grund zu haben, sich das Beste im Leben zu gönnen.

Schritt 4:
Ihre Ansprüche an das Leben sind nur so hoch wie Ihr Selbstwertgefühl - So steigern Sie beides dauerhaft

Sobald Sie sich erlaubt und dazu entschlossen haben, Glück und Fülle in Ihr Leben zu lassen, können Sie Ihre Ansprüche – das, was Sie vom Lebe erwarten – konkret festlegen. Wir erwarten immer irgendetwas – ob positiv oder negativ – ganz gleich, ob es uns bewusst ist oder nicht. Und Sie wissen ja: Wir bekommen letztendlich das, was wir erwarten. Wir sollten uns deshalb unsere Erwartungen an das Leben bewusst machen und sie selbst bestimmen.

Legen Sie daher heute Ihren eigenen Anspruch an die wichtigen Bereiche in Ihrem Leben einfach noch einmal neu fest!

Bestimmen Sie selbst, was Sie als Ihnen angemessen betrachten möchten und damit auch, was Sie vom Leben bekommen möchten. Überlegen Sie auch, wie das, was Sie sein, tun und haben möchten, genau aussehen soll. Machen Sie sich dabei vorerst keine Gedanken darüber, ob und wie Sie es erreichen können. Hier geht es darum, Ihr Selbstwertgefühl aufzubauen, indem Sie sich bewusst machen, dass Sie Fülle verdienen und wie diese Fülle sich genau in Ihrem Leben zeigen soll. Die konkrete Umsetzung kann sich später zeigen und mit Hilfe von guten Zielerreichungsstrategien ermöglicht werden.

Es ist wichtig, ein genaues Bild von dem vor Augen zu haben, was Sie sich wünschen, denn erst, wenn wir uns konkrete Bilder vorstellen, konkrete Visionen entwickeln, und diese konkreten Bilder betrachten, werden wir das Gefühl von Fülle in uns spüren und unserem Selbstwertgefühl dadurch Auftrieb geben. Außerdem wecken Bilder in uns Vorfreude, Begeisterung und Tatendrang und die wiederum lenken unseren Fokus auf unseren Zielzustand und geben uns dadurch eine innere

Ausrichtung und Sicherheit (die wir auch nach außen ausstrahlen).

Allein durch diese neue „Zielorientierung" wirken wir auf unsere Umwelt sehr viel selbstbewusster und selbstsicherer, da wir offensichtlich wissen, was wir wollen und davon ausgehen, dass wir es auch bekommen werden.

Stellen Sie sich also genau vor, was Sie sich wünschen - in allen Lebensbereichen und in allen Details. Und schreiben Sie es auf. Woran auch immer Sie denken: Erlauben Sie sich, in Gedanken eine Situation zu erschaffen, von der Sie denken: fantastisch! Genau so sollte es sein!

Formulieren Sie Ihre Wünsche immer als Beschreibung einer bereits bestehenden Situation, also zum Beispiel „Ich bekomme in Job-Interviews immer genau das Gehalt, das ich möchte", oder „In meinem Freundeskreis folgen Alle mit Begeisterung meinen Ideen". Ihr

Gehirn kann sich durch diese Formulierung ideal auf die neue Situation einstellen, ihm wird suggeriert, dass die Situation bereits Wirklichkeit geworden ist und Sie sich entsprechend verhalten und auftreten dürfen.

Legen Sie Ihre Notizen auf Ihren Nachttisch und lesen Sie sie in den nächsten Tagen immer morgens nach dem Aufwachen oder abends vor dem Schlafen gehen kurz durch. So verinnerlichen Sie mit der Zeit, wie Ihr Leben bald aussehen wird und gewinnen immer größere Orientierung und Sicherheit. Optimal wäre es, wenn Sie hin und wieder auch über Ihren Visionen meditieren, sie sich im Detail vorstellen und Ihr neues Leben visualisieren.

Negative Erwartungen ändern sich nicht über Nacht. Aber wenn Sie sich Ihre Visionen erlauben, genau ausmalen und sie sich regelmäßig ins Gedächtnis rufen, dann werden alte negative Überzeugungen, altes Mangeldenken, allmählich von den neuen Bildern verdrängt. Ihre neuen Überzeugungen werden sich in Ihren Gedanken festsetzen und Sie werden sogar bald feststellen, dass Sie sich beinahe automatisch so verhalten und in Situationen so auftreten und so entscheiden, dass Sie das Gewünschte auch durchsetzen bzw. sich nehmen – weil Sie Chancen und Möglichkeiten schneller erkennen werden und weil Sie sich dazu entschieden haben, sie sich zu erlauben und sie sich voll und ganz zu gönnen.

Schritt 5:
Die Macht der inneren Stimme – So bauen sie mit ihrer Hilfe Ihr Selbstbewusstsein auf

Es gibt eine Instanz in uns, die unserem neu erlangten Selbstwertgefühl und unserem frisch aufgebauten Selbstvertrauen sehr gefährlich werden und beides innerhalb kürzester Zeit zerstören kann, wenn wir sie nicht regulieren, und der wir deshalb unbedingt unsere Aufmerksamkeit schenken sollten: Unsere innere Stimme.

Diese innere Stimme sitzt direkt in unserem Kopf und spricht unaufhörlich mit uns. Je nachdem, was sie uns sagt und in welchem Ton sie mit uns spricht, fühlen wir uns gut, gemocht und bestätigt, oder aber falsch, klein und unzulänglich. Sie kann uns Dinge sagen wie „Kannst Du nicht aufpassen!“, „Du machst Dich lächerlich!“, „Geht das nicht schneller?“, „So schaffst Du das nie“, „Warum solltest ausgerechnet DU mit so etwas Erfolg haben, das haben schon ganz andere versucht“. Wir ziehen dann automatisch den Kopf ein, lassen die Schultern hängen und fühlen uns schlecht, minderwertig, unsicher oder angespannt, wenn wir solche Dinge hören.

Unsere innere Stimme kann aber auch ganz anders mit uns umgehen. Sie kann uns sagen „Du siehst fantastisch aus!“ oder „Du bist genial!“, sofort richten wir uns auf, fühlen uns stolz und bestätigt. Oder sie kann uns Dinge sagen wie „Eins nach dem Anderen“, „Immer mit der Ruhe, lass Dich nicht unter Druck setzen“ oder „Du hast alles richtig gemacht!“ und wir fühlen uns beruhigt und in Ordnung.

Unsere innere Stimme ist mächtig, wir sollten sie nicht unterschätzen. Bereits ein einziger Satz von ihr hat einen Einfluss auf unser Lebensgefühl, unser Selbstwertgefühl und unser Selbstvertrauen. Stellen Sie sich vor, was geschieht, wenn ein Mensch über Jahre hinweg ständig Sätze hört, die ihn nieder machen, antreiben oder in Frage stellen. Wie muss ein solcher Mensch sich fühlen? Und wie wird sich jemand fühlen, der über Jahre hinweg täglich Bestätigung, Bewunderung, Lob und Mitgefühl entgegengebracht bekommt?

Das Fatale ist: wir glauben irgendwann an das, was uns immer wieder gesagt wird und halten es dann für wahr. Wir beginnen, uns entsprechend zu verhalten und bekommen dadurch zu allem Überfluss auch von unserer Außenwelt entsprechende Reaktionen, die unser Selbstbild bestätigen. Und wir merken es oft nicht einmal.

So kann es passieren, dass ein kluger, fleißiger, sehr fähiger und begabter Mensch sich permanent unzulänglich fühlt und sich für seine mangelnde Leistung selbst heruntermacht, dass er sich zu immer neuen Leistungen und besseren Ergebnissen antreibt, um sich auch nur einigermaßen im Spiegel betrachten oder anderen selbstbewusst gegenüber treten zu können.

Ebenso kann es passieren, dass ein sehr attraktiver Mensch sich selbst durch den Einfluss seiner inneren Stimme höchst kritisch betrachtet, sich für kleinste Makel verurteilt, niedermacht oder gar hasst, dass er sich selbst geradezu verabscheut oder seinen Körper ablehnt, weil und solange er nicht vollkommen makellos ist.

Es ist sehr wichtig zu verstehen, dass wir das Bild, das wir (und später auch Andere) von uns selbst haben, selbst erschaffen - und dass wir es jederzeit neu erschaffen können. Das sollten wir daher sehr bewusst tun: unser gesamtes Lebensgefühl hängt davon ab. Es ist aus diesem Grund ungemein wichtig, dass wir unsere innere Stimme nicht länger unseren Feind sein lassen. Wir müssen sie zu unserem Freund machen!

Zu einem sehr guten, wohlwollenden Freund, der uns kennt und mag, so wie wir sind, der uns unterstützt und bestätigt und der uns lieb hat, ohne dass wir etwas dafür tun müssen. Der seine Worte vorsichtig wählt, wenn er mit uns spricht und der uns schont. Der uns selbst Kritik ausschließlich liebevoll und konstruktiv nahebringt. Und uns damit nicht in Frage stellt. Der niemals auf die Idee kommen würde, uns für unsere Schwächen nieder zu machen. Genau so müssen wir mit uns selbst umgehen. Mit uns selbst sprechen. Jeden Tag, und jede Minute. Wir haben es verdient, ausgezeichnet und freundschaftlich behandelt zu werden.

Wie können Sie nun vorgehen, um das zu erreichen?

Achten Sie zunächst einmal einen ganzen Tag darauf, was Ihnen Ihre innere Stimme den Tag über für Dinge sagt – und achten Sie auch darauf, wie sie es sagt. Stellen Sie sich vor, mit einem anderen Menschen würde auf diese Art gesprochen. Sie werden dadurch einen guten Eindruck davon bekommen, wie Ihr Selbstbild aussehen muss. Schreiben Sie diese Sätze auf. Erinnern sie Sie an bestimmte Stimmen aus Ihrer Vergangenheit? Falls ja, wem gehören diese Stimmen? Wer hat so mit Ihnen gesprochen? Vielleicht Ihre Eltern oder Geschwister oder vielleicht auch Menschen außerhalb Ihrer Familie? Vielleicht Ihre Klassenkameraden oder Lehrer? Wie haben Sie sich damals dabei gefühlt?

Machen Sie Notizen, auch wenn die Erinnerung ein bisschen schmerzt. Dinge werden uns klarer, wenn wir sie aufschreiben und niedergeschrieben vor uns sehen. Und um sich wirklich davon lösen zu können, ist es wichtig zu verstehen, unter welchem Einfluss Sie in der Vergangenheit und insbesondere als Kind standen, von welchen Menschen dieser Einfluss ausging und was er mit Ihnen gemacht hat.

Erst wenn Ihnen bewusst geworden ist, wie man Sie damals behandelt hat, können Sie erkennen, dass es nicht Ihre Schuld ist – dass Sie nicht falsch sind - sondern dass andere Menschen vielleicht Fehler gemacht haben. Erst dann können Sie sich darin trainieren, diesen Stimmen nicht länger zuzuhören, ihnen keine Bedeutung mehr zu schenken - und sich stattdessen bewusst bestätigende und unterstützende Dinge zu sagen.

Beginnen Sie so mit sich zu sprechen, wie Sie mit einem sehr lieben Freund sprechen würden. Denken Sie dafür einmal an den liebevollsten und herzlichsten Menschen, den Sie je getroffen haben und wählen Sie seine oder ihre Stimme in Gedanken aus, um mit Ihnen zu sprechen. Die Dinge, die sie Ihnen sagt, bestimmen Sie selbst. Aber Sie können sich den Klang seiner oder ihrer Stimme ausleihen, um von der negativen Stimme in Ihrem Kopf Abstand zu gewinnen und sie abzulösen.

Tun Sie das in den nächsten Tagen täglich ganz bewusst (zum Beispiel immer morgens unter der Dusche und abends beim Zähneputzen, oder auch im Auto an jeder roten Ampel oder in der Schlange im Supermarkt). Ihre innere Stimme wird diese Gewohnheit irgendwann übernehmen und beginnen, automatisch so mit Ihnen umzugehen, ohne dass Sie sie bewusst steuern müssten. Sie erziehen dadurch Ihre innere Stimme dazu, Sie gut zu behandeln und Ihnen eine treue Unterstützung zu sein, Ihnen Sicherheit und Bestätigung zu geben, anstatt Sie zu verunsichern. Ihr Selbstbewusstsein, aber auch Ihr gesamtes Lebensgefühl werden sich dadurch massiv zum Positiven verändern.

Schritt 6: So werden Sie immun gegen die Urteile Anderer

Neben unserer inneren Stimme gibt es jedoch auch noch die Stimmen von außen in unserem aktuellen Umfeld, die uns sagen, ob wir etwas gut oder nicht so gut gemacht haben, ob wir den Ansprüchen genügen, ob wir erfolgreich, gut gekleidet oder fit genug, ob wir klug, gebildet oder reich genug sind.

Diese vielen kleinen, oft sogar unausgesprochenen Rückmeldungen unserer Mitmenschen auf das, was wir tun, können und was wir sind, haben ebenfalls Einfluss auf unser Selbstbild und damit auf unser Selbstvertrauen und unser Selbstwertgefühl, unseren Erfolg und unser Wohlbefinden. Und auch sie sind leider nicht immer positiv.

Wir können sie nicht ausschalten, wir können nicht aufhören, sie wahrzunehmen. Und wir können uns nicht immer von ihnen distanzieren. Wir dürfen sie nicht unterschätzen, besonders wenn wir über lange Zeiträume hinweg negative Reaktionen von unserem Umfeld bekommen. Steter Tropfen höhlt den Stein.

Was aber können wir tun?

Zunächst einmal sollten wir dafür sorgen, dass wir uns langfristig in einem Umfeld bewegen, in das wir passen und in dem wir grundsätzlich positiv gesehen werden. Das gilt sowohl für unser berufliches Umfeld als auch für unser privates. Wir sollten uns nicht länger als nötig mit Menschen umgeben, die uns nicht richtig finden, die uns gerne anders hätten und uns ständig schief ansehen. Das haben wir auch gar nicht nötig.

Dennoch wird es auch in dem passendsten Umfeld immer Menschen geben, die uns nicht mögen, uns nicht verstehen, die uns ändern oder gar schaden wollen. Und wir sollten unser Bestes tun, uns von solchen Stimmen ein Stück weit unabhängig zu machen. Denn in dem Maß, in dem wir diese Urteile glauben, sehen wir immer weniger, wer und wie wir wirklich sind. Wir dürfen unser eigenes Bild von uns selbst nicht von anderen Menschen ankratzen oder verändern lassen.

Manchmal hat jemand in unserem Umfeld einfach einen schlechten Tag oder sich über etwas anderes geärgert und stört sich nur deshalb an etwas, das wir tun. Vielleicht ist er auch neidisch auf etwas, das wir tun, haben oder können und möchte uns deswegen ein schlechtes Gefühl geben, um ums auf sein Stimmungsniveau herunter zu ziehen oder uns unsere Errungenschaft „kaputt" zu machen.

Oder er hat vielleicht ganz einfach andere Werte als wir, findet andere Dinge wichtig als wir und stört sich deshalb an uns. Urteile werden schließlich immer aufgrund von Wertvorstellungen gefällt - entweder negativ, weil bestimmte Wertvorstellungen nicht erfüllt werden oder positiv, weil das der Fall ist. Wir dürfen und müssen jedoch nach unseren eigenen Werten und Idealen leben und nicht nach denen der Anderen. Sie sind für uns und unsere Zufriedenheit mit uns selbst vollkommen irrelevant.

Was wir also tun müssen, ist, unserem eigenen Urteil über uns selbst mehr zu glauben als dem der Anderen. Unserem eigenen Urteil zu vertrauen. Wir kennen uns selbst schließlich am besten.

Sobald wir eine negative Rückmeldung auf unsere Person erfahren oder spüren, sollten wir uns daran erinnern, dass sie nur der subjektiven Meinung eines Anderen über uns entspringt, dass sie aber mit uns und dem, wie gut oder schlecht wir wirklich sind, nur sehr wenig zu tun hat.

Wir müssen sein Urteil hinterfragen und überprüfen: Hat dieser Mensch überhaupt recht? Haben wir uns wirklich falsch verhalten? Haben wir jemandem geschadet? Falls nicht, müssen wir sie durch unser eigenes Urteil korrigieren. Wir müssen uns sagen: Er oder sie hat Unrecht. Er hat uns nicht verstanden. Er erkennt nicht, wer ich bin. Deshalb müssen mich seine Gedanken nicht interessieren. Ich bleibe bei meiner eigenen Einschätzung.

Die Meditation aus Schritt 1 ist dafür übrigens ein ausgezeichnetes Training. Je mehr Sie nämlich darin geübt sind, aufkommende Gedanken in Ihrem Bewusstsein von der weißen Fläche vor Ihrem inneren Auge wegzuschieben, um die Fläche weiter klar im Blick zu behalten, je mehr Sie also in der Lage sind, Ihren Fokus zu kontrollieren, umso schneller und müheloser werden Sie auch die falschen Urteile Anderer über Sie aus Ihrem Aufmerksamkeitsfeld wegschieben können, um die freie und klare Sicht auf Ihr eigenes Urteil zu behalten.

Sie entwickeln dabei eine geistige Resilienz (eine innere Widerstandskraft), die eine wichtige Grundlage dafür ist, Ihr Selbstvertrauen und Selbstwertgefühl dauerhaft stabil zu halten und gegen Widerstände und „Angriffe“ zu verteidigen.

BONUS:
5 TIPS FÜR EIN GUTES LEBEN NACH DEM NEUSTART

Zum Abschluss dieses Buches möchte ich Ihnen noch ein Geschenk machen.

Ich möchte Sie dazu inspirieren, Ihren Neuanfang und den Sprung aus Ihrer Komfortzone, den Sie beim Loslassen gemacht haben, ganz bewusst dazu zu nutzen, Ihr gesamtes Leben und Ihren Alltag einmal zu überprüfen. Von Zeit zu Zeit sollten wir das tun.

Sind Sie glücklich? Fühlen Sie sich insgesamt mit Ihrem Leben wohl? Sind Sie ausgeglichen und haben Sie das Gefühl, in Ihrem Leben am „richtigen“ Platz zu sein?

Wenn nicht, dann nutzen Sie Ihren Neuanfang doch auch dazu, Ihr Leben einmal neu zu ordnen.

Dazu möchte ich Ihnen als Bonus 5 Tips mitgeben, die Ihnen helfen, ein Leben zu führen, das wirklich zu Ihnen passt, das Ihnen Freude und Erfüllung schenkt und für das Sie morgens gerne aufstehen. Ein richtiges Wohlfühlleben sozusagen.

Lassen Sie sich inspirieren!

Tip Nr. 1:
Leben Sie im Einklang mit Ihren Werten

Um wirklich zufrieden zu sein und uns rundum wohl zu fühlen, müssen wir unser Leben im Einklang mit unseren Werten leben.

Natürlich müssen wir dafür zunächst einmal genau wissen oder uns bewusst machen, was für uns im Leben wirklich wichtig ist und unsere Entscheidungen so treffen, dass wir diese Dinge in unser Leben bringen. Wir müssen den Dingen und Menschen, die für uns zählen, einen wichtigen Platz einräumen, auch wenn wir dafür vielleicht auf etwas anderes verzichten müssen.

Wenn wir das nicht tun, können wir uns noch so sehr verwöhnen - wir werden uns trotzdem nie von innen heraus wohl fühlen, nie wirklich anhaltend zufrieden und glücklich sein können, denn in ruhigen Momenten werden wir spüren, dass etwas für uns nicht stimmt oder in die falsche Richtung läuft.

Wir alle tendieren dazu, uns bei der Gestaltung unseres Lebens von Trends oder gesellschaftlichen Konventionen mitreißen zu lassen und unsere beruflichen und privaten Prioritäten so zu setzen, wie es der Zeitgeist vorgibt - oft ohne überhaupt darüber nachzudenken, ob uns etwas anderes womöglich wichtiger wäre oder uns mehr entsprechen würde.

Wir haben damit häufig auch Erfolg, befinden uns sogar mitunter auf der Überholspur und werden von anderen gefeiert und respektiert, obwohl wir uns in eine für uns gar nicht passende Richtung bewegen. Was für den einen eine tolle Sache ist, kann für einen anderen ganz einfach falsch sein und ihm nicht gut tun, da es schlichtweg nicht zu ihm passt.

Es lohnt sich in jedem Fall, sich das eigene Leben und die wichtigsten Lebensbereiche darin einmal näher anzuschauen. Sind die

Lebensbereiche, in die Sie am meisten Zeit und Energie investieren, Ihnen alle wirklich wichtig? Und falls ja, sind sie so gestaltet, wie Sie es sich wünschen?

Wenn das so ist, dann ist das wunderbar! Falls nicht, sollten Sie sich darüber klar werden, was IHNEN wichtig ist. Nehmen Sie sich ein oder zwei Stunden Zeit, entspannen Sie sich und denken Sie einmal in Ruhe darüber nach.

Vielleicht wünschen Sie sich mehr Zeit für Ihre Familie und weniger Arbeit, vielleicht haben Sie sich für ein Haus verschuldet, das Ihnen, wenn Sie ehrlich sind, eher eine Last als eine Freude ist und vielleicht möchten Sie auch endlich eine große Karriere starten, obwohl Ihre Ausgangsbedingungen dafür nicht ideal sind und Sie es daher bisher nie in Erwägung gezogen haben. Vielleicht möchten Sie sich auch von den vielen Dingen, die Sie besitzen, trennen und auf das Wesentliche konzentriert in einer kleinen Wohnung leben oder für einige Jahre durch die Welt reisen. Vielleicht möchten Sie heiraten und viele Kinder bekommen, obwohl Sie sich dafür materiell einschränken müssten.

Es gibt immer Gründe dafür, dass wir etwas nicht tun oder nicht haben, was wir möchten, denn für alles müssen wir einen Preis bezahlen. Wir müssen, um etwas zu bekommen, auf andere Dinge verzichten, wir müssen mitunter dafür Status, Ansehen oder die Akzeptanz bestimmter Menschen aufgeben oder auch viel Zeit und Energie investieren und uns darum bemühen. Und wir müssen dafür Risiken eingehen. Wir sollten es aber dennoch tun!

Wir sollten uns klar machen, was der Preis ist für das, was wir uns wünschen. Und wir sollten uns bewusst dafür entscheiden, diesen Preis zu bezahlen. Wir sollten große Entscheidungen stets so treffen, dass sie unseren eigenen Werten und unserem individuellen Lebenskonzept entsprechen und uns – auch wenn wir dafür einen Preis bezahlen – langfristig dorthin führen, wo wir glücklich sind und wo unser Leben für uns Sinn macht.

Nachdem Sie diese Wahl getroffen haben, sollten Sie sich ein Umfeld suchen, das Ihre Entscheidungen und Ihre Art zu leben wertschätzt, unterstützt und bestätigt. Das ist ungemein wichtig. Wir alle tun im Laufe unseres Lebens viele Dinge, um von Anderen angesehen, akzeptiert oder respektiert zu werden und um dazu zu gehören – selbst dann, wenn sie uns nicht gut tun. Dessen sind wir uns mitunter gar nicht bewusst. Denn wir alle brauchen Wertschätzung und Zugehörigkeit zu Anderen.

Es ist eine Illusion zu glauben, man sei so unabhängig, dass man langfristig in einem Umfeld leben könne, das einem überwiegend Unverständnis oder gar Ablehnung entgegenbringt und das einem signalisiert, dass man „falsch" lebe oder im Leben falsche Entscheidungen getroffen habe.

Falls Sie sich also dazu entschließen sollten, einige größere Bereiche in Ihrem Leben neu zu ordnen, bestimmte Dinge aufzugeben oder neue anzunehmen und Ihr Umfeld das nicht gut heißt, dann investieren Sie in den Aufbau oder die Stärkung eines neuen Umfeldes, das Ihre Entscheidungen im Großen und Ganzen gut findet. Das kostet Mühe und geht nicht von heute auf morgen aber es ist unerlässlich, damit Sie auch langfristig zu Ihren Entscheidungen und Ihrem Lebenskonzept stehen und sich damit wohlfühlen können.

Sobald die grobe Richtung in Ihrem Leben für Sie stimmt und zu Ihnen passt und Sie wissen, wo Sie langfristig in Ihrem Leben hin möchten, wird sich eine innere Ruhe und Zufriedenheit in Ihnen einstellen. Nun können Sie damit beginnen, Ihren Alltag, also Ihre LebensZEIT, so zu gestalten, dass er Ihnen gut tut und Sie sich darin wohl fühlen.

Wie, erfahren Sie im nächsten Tip.

Tip Nr. 2: Schaffen Sie sich einen Alltag, der Ihnen gut tut

Wir tun täglich unzählige Dinge aus reiner Pflichterfüllung, weil wir eben „müssen" und nicht, weil sie uns in dem Moment gut tun. Das ist zwar manchmal notwendig und lässt sich nicht immer vermeiden, es geht jedoch mitunter so weit, dass wir während der Woche hauptsächlich auf das Wochenende hin leben und wir von einem Urlaub bis zum nächsten unsere Pflichten erfüllen, dass wir den Großteil unserer Lebenszeit darauf warten, endlich wieder einmal Zeit für die Dinge zu haben die uns wirklich Spaß machen und uns gut tun.

Selbst wenn wir uns ein oder zweimal pro Woche einen Abend im SPA, eine Massage , einen schönen Abend mit Freunden oder eine interessante Unternehmung gönnen, so ist doch häufig die Zeit zwischen diesen Unternehmungen eine Zeit, die wir nur wenig genießen. Wir sollten es uns jedoch in unserem Alltag - der eigentlichen Zeit unseres Lebens - unbedingt angenehm und darüber hinaus auch ruhig so richtig schön machen, um dauerhaft zufrieden und glücklich zu sein.

Dafür können wir uns zunächst einmal überlegen, welcher Tag-Nacht-Rhythmus uns persönlich am ehesten entspricht – und unseren Alltag danach ausrichten!

Wie viele Menschen lassen sich täglich morgens von ihrem Wecker aus dem Tiefschlaf reißen und quälen sich verschlafen aus dem Bett, um bis 8 Uhr (oder auch früher) im Büro zu sein, obwohl sie eigentlich Nachtmenschen sind, die vor 10 Uhr kaum einen klaren Gedanken fassen können, und müssen abends, wenn sie am konzentriertesten und am produktivsten wären, früh schlafen gehen, um morgens aus dem Bett zu kommen.

Und wie viele andere Menschen bleiben morgens hellwach im Bett liegen, weil man im Büro nun mal nicht vor 7:00 Uhr auftaucht und quälen sich abends mit viel Kaffee durch die späten Meetings, obwohl sie nach 17 Uhr einfach nicht mehr konzentriert sind.

Nach dem eigenen Tag-Nacht-Rhythmus zu leben ist ungeheuer wichtig für unser Wohlbefinden und wir sollten es uns gönnen, dann zu schlafen und dann Leistung zu erbringen, wann es für UNS gut ist. In vielen Firmen gibt es heute flexible Arbeitszeiten, oder wir finden eine Möglichkeit, mit unserem Vorgesetzten zu sprechen und uns andere Arbeitszeiten zu erbitten.

Wenn all das nicht möglich ist, sollten wir einen Jobwechsel in Erwägung ziehen, um in unserem Leben geistig und körperlich dann aktiv sein zu können, wenn wir wach sind und dann ruhen zu können, wenn wir müde sind. Auf lange Sicht werden unser Körper und unser Wohlbefinden es uns danken.

Als Nächstes sollten wir uns mit dem Gedanken befassen, ob wir uns in einem eher hoch getakteten oder in einem ruhigen, langsamen und beschaulichen Alltag wohl fühlen. Häufig variiert das Tempo, das uns gut tut, von Lebensphase zu Lebensphase und was für Sie vor einigen Jahren noch galt, kann heute nicht mehr passend sein.

Es kann gut tun, sich nach sehr stressigen oder belastenden Lebensphasen bewusst für ein oder zwei Jahre einen ruhigen Alltag und etwas Langsamkeit zu gönnen, weniger zu tun, sich regelmäßig Rückzug und Zeit für sich selbst zu geben und zur Ruhe zu kommen.

Und es kann wunderbar belebend für uns sein, uns insbesondere in Umbruchphasen in denen wir freiwillig oder unfreiwillig vor einem Neustart stehen, auf einen Prozess von Veränderung und Entwicklung, auf Risiko und Unbekanntes, Aufbau und Fortkommen, Leistung und Erfolg, Überdurchschnittlichkeit und Glanzleistungen einzulassen. Auch das müssen wir nicht unser ganzes Leben lang tun, sondern nur genauso lang, wie es uns gut tut.

Wir sollten unseren Alltag so strukturieren, dass wir das Tempo leben können, das uns im Moment gut tut:

Wir müssen darauf achten, dass wir keine Kräfte um uns herum haben, die uns hemmen, wenn wir uns in einer Aufbruchphase befinden und dass wir keine Kräfte um uns herum haben, die uns unter Druck setzen oder zu Leistung und Geschwindigkeit antreiben, wenn wir uns in einer Phase des Zur-Ruhe-Kommens befinden.

Richten Sie Ihre Lebenssituation und selbst Ihren Job darauf aus – auch wenn dafür ein paar „radikale“ Schritte notwendig sein sollten. Zum Beispiel könnten Sie in Ruhephasen Ihre Arbeitszeiten reduzieren oder einen neuen Teilzeitjob ausüben (eine 80 Prozentstelle bringt Ihnen nur wenige Gehaltseinbußen nach Steuern, aber einen zusätzlichen freien

Tag pro Woche) oder sich ein Sabbatjahr oder ein paar Monate unbezahlten Urlaub gönnen, auch wenn Sie dafür Ihren Lebensstandard verringern und vielleicht Ihre Wohnung untervermieten und in ein kleines Apartment umziehen müssen.

In Aufbruchphasen könnten Sie vielleicht eine neue berufliche Herausforderung, einen nächsten Karriereschritt, eine Umschulung oder den Schritt in die Selbständigkeit wagen. Größere Veränderungen können wir am besten in solchen Phasen vornehmen.

Manchmal sehnen wir uns sowohl nach Ruhe, als auch nach Veränderung in unserem Alltag, zum Beispiel nach einem Burnout oder einem schweren Schicksalsschlag. Falls es Ihnen auch so geht, könnten Sie zunächst einige Monate gezielt einen Gang zurück schalten und zur Ruhe kommen um Kraft zu sammeln und anschließend in eine Phase der Veränderung und des Neubeginns – beruflich oder auch privat – aufbrechen.

Sie sollten Ihr Umfeld darüber informieren, welches Tempo Sie im Moment in Ihrem Leben brauchen und den Menschen in Ihrem Leben erklären warum das so ist und welchen Vorteil es Ihnen und Anderen bringt. In jedem Fall sollten Sie dafür sorgen, dass Ihr Umfeld Ihre Lebensweise unterstützt und Sie versteht.

Wenn wir uns für den Tag-Nacht-Rhythmus und das Tempo in unserem Alltag entschieden haben, die uns im Moment gut tun, dann können wir damit beginnen, uns zusätzlich Angenehmes, Wohltuendes und Freudespendendes in unseren Alltag zu holen.

Das können wir wunderbar dadurch tun, dass wir uns angewöhnen, das Angenehme stets mit dem Nützlichen im Alltag zu verbinden – und umgekehrt.

Dafür benötigen Sie etwas Kreativität, aber wenn Sie es sich erst einmal zur Gewohnheit gemacht haben, unangenehme Dinge mit angenehmen zu verbinden, werden Sie einen riesigen Unterschied in Ihrer Lebensqualität feststellen.

Denken Sie einmal an all die Dinge, die Sie tagtäglich tun und die Ihnen nicht wirklich viel Freude bereiten. Und dann überlegen Sie sich, wie Sie sie zu einem angenehmen Erlebnis machen können. Ihre Autofahrten zur Arbeit könnten Sie sich zum Beispiel mit einem spannenden Roman, einer lustigen Komödie oder einem inspirierenden Vortrag in Form eines Hörbuchs interessanter machen um sich je nach Bedarf während der Fahrt zu unterhalten, zu erden, zum Lachen zu bringen oder zu inspirieren.

Wenn Sie im Büro lange Überstunden machen müssen, lassen Sie sich doch Ihr Leibgericht von Ihrem Lieblingslokal einfach abends in die Firma kommen und essen Sie es zwischendurch zur Stärkung und als Gaumenschmaus anstatt ausgehungert und ausgelaugt am späten Abend nach Hause zu fahren und sich dann noch etwas kochen zu müssen.

Auf Ihrer nächsten Geschäftsreise könnten Sie am Abend das neue Gourmet-Restaurant der Stadt testen, anstatt den Abend in Ihrem Hotelzimmer vor dem Fernseher zu verbringen. Während Sie Hausarbeit erledigen, Wäsche bügeln, sich die Haare frisieren oder eine Mahlzeit zubereiten können Sie sich über Ihr Notebook, IPad oder einfach über Ihr Smart Phone mit dem Internet verbinden und Ihre Lieblings-Musik anhören oder auch Ihre Fremdsprachenkenntnisse auffrischen, indem Sie sich fremdsprachige Interviews mit interessanten Menschen anhören, die Sie inspirieren.

Im Büro könnten Sie sich nach dem Mittagessen täglich eine Viertelstunde Zeit nehmen und mit Ihrer besten Freundin per E-Mail die neuesten Neuigkeiten auszutauschen. Und Ihren Morgen können Sie sich mit einem schönen Ritual versüßen, zum Beispiel mit einem frisch gepressten Orangensaft, einer 10 Minuten Meditation oder einer schönen halben Stunde nur für sich mit frischem Kaffee und Ihrem Lieblingsbuch.

Fast jede alltägliche Situation lässt sich auf diese und ähnliche Weise irgendwie verschönern. Werden Sie kreativ und beginnen Sie, jeden Moment in Ihrem Alltag zu einem schönen Moment zu machen und so Tage zu gewinnen, auf die Sie sich wieder freuen können.

Um schöne Momente auch aus vollen Zügen genießen zu können, sollten Sie in den verschiedenen Bereichen Ihres Lebens etwas Platz schaffen und sich von allem befreien was Sie eher belastet als erfreut. Wie, erfahren Sie im folgenden Kapitel.

Tip Nr. 3:
Entrümpeln Sie Ihren Besitz und Ihr Leben

Wir besitzen im Durchschnitt 10.000 Dinge! Jeder von uns. Und von all diesen vielen Dingen brauchen wir nur die allerwenigsten wirklich. Ein paar andere dieser Dinge schenken uns regelmäßig Genuss oder Komfort und erhöhen dadurch unsere Lebensqualität, wie etwa ein schönes Bild an der Wand oder ein praktisches Haushaltsgerät oder Werkzeug.

Aber die allermeisten Dinge, die wir besitzen, nutzen uns nicht nur (fast) nichts - zum Beispiel die Camping Ausrüstung, die wir in den letzten 12 Jahren nur 2 Mal benutzt haben und die wir uns auch einfach hätten ausleihen können- sondern wir wissen auch meist nicht einmal mehr, dass wir sie besitzen!

Das klingt unglaublich, aber Hand aufs Herz: Könnten Sie jeden einzelnen Gegenstand (auch den allerkleinsten) aufzählen, der sich in jeder Ihrer Schubladen, in jedem Karton in Ihrem Keller oder auch in Ihrem Kleiderschrank befindet? Ich gehe jede Wette ein, dass Sie es nicht können.

Diese vielen Dinge, die wir nicht brauchen und die uns auch keine Lebensqualität schenken, sind jedoch nicht nur unnützer Besitz, sie belasten auch unseren Alltag, nehmen Raum und Zeit (für Pflege, Wartung etc.) in unserem Leben ein und vor allem nehmen Sie uns Klarheit, Entspannung, Konzentration und den Blick auf das Wesentliche.

Kurz: Sie sind eine Belastung für uns und wir tun besser daran, uns von ihnen zu trennen. Aber keine Sorge, Sie müssen sich jetzt nicht 4 Wochen Urlaub nehmen, und durch alle Ihre 10.000 Gegenstände gehen, um auszumisten. Sie müssen sich auch nicht von ALLEM trennen, das Ihnen nichts nutzt. Nur einen Teil davon auszumisten, kann bereits sehr befreiend sein. Nehmen Sie sich dabei immer nur einen kleinen Bereich vor und das dafür regelmäßig - am besten mit regelmäßigen „Entrümpelungsritualen“:

Der Beginn einer neuen Jahreszeit bietet sich wunderbar dafür an, den Kleiderschrank auszumisten und sich von der Wohnungsdekoration der vergangenen Saison zu verabschieden. Ideal ist es, sich anzugewöhnen, zweimal in Jahr eine große Ausräumaktion in der Wohnung vorzunehmen, um sich von den im Laufe der Wochen und Monate schleichend angesammelten kleinen und großen Dinge zu befreien, die man nicht braucht und die auch keine wirkliche Lebensqualität schenken.

Sie sollten dabei an alle Bereiche in Ihrem Haus oder Ihrer Wohnung denken: den Kleiderschrank, den Schreibtisch, diverse Kommodenschubläden, die Küche sowie auch Keller und Dachboden. Wenn Sie sehr viele Dinge besitzen, oder keinen ganzen Entrümpelungstag einlegen wollen, nehmen Sie sich einfach so lange jeden Samstag 2 Stunden Zeit zum

Ausmisten, bis Sie durch alle Bereiche durch sind.

Räumen Sie die Dinge nicht einfach nur aus dem Weg oder verstauen sie im Keller, sondern trennen Sie sich auch wirklich dauerhaft von Vielem. Verkaufen oder verschenken Sie Dinge, die Sie kaum (noch) nutzten oder werfen Sie sie weg.

Sie könnten sich vornehmen, eine gewisse Menge an Dingen loszuwerden, zum Beispiel eine große Umzugskiste voller Sachen pro Halbjahr aus dem Keller zu entsorgen oder 15 Teile aus Ihrem Kleiderschrank pro Halbjahr zu verschenken, und dann die Dinge dafür auswählen, die Ihnen am wenigsten bedeuten.

Wenn wir nicht regelmäßig entrümpeln, häufen wir, ohne es zu merken, in unserem Leben immer mehr Besitz an, da wir doch ständig kleine Dinge kaufen oder geschenkt bekommen, die einen Platz in unserer Wohnung benötigen. Je regelmäßiger wir also solche Entrümpelungstage einlegen, desto weniger gibt es auszusortieren und desto mehr verlieren solche Tage ihren Schrecken.

Zudem bekommen Sie einen besseren Überblick über die Dinge die Sie besitzen, und Sie finden Dinge schneller, wenn Sie sie suchen.

Sie könnten die Dinge in Ihrem Keller übersichtlich in unterschiedlich großen, beschrifteten Boxen in einem deckenhohen Wandregal verstauen und haben so alles, vom Werkzeugkasten bis zur Weihnachtsdekoration jederzeit griffbereit. Genauso können Sie die Dinge in Ihren Kommodenschubläden in kleinen offenen Boxen oder Fächern nach Themen sortiert lagern und in jedem Fach nur die Dinge aufbewahren, die Sie regelmäßig benutzen.

Was nur sehr selten benutzt wird, kann in einer Kiste in der Abstellkammer oder im Keller gelagert werden, aber so, dass Sie jederzeit mit einem Griff heran kommen. Dinge die wir nur wirklich selten oder eventuell gar nicht mehr benötigen, müssen wir nicht auf Lager halten sondern können sie uns, sollten wir sie doch einmal brauchen, von Freuden oder Kollegen ausleihen. Wir müssen nicht alles selbst besitzen. Und wenn wir etwas zu schade finden um es weg zu werfen, dann geben wir es einfach jemandem, der sich mehr darüber freut als wir - und schon haben alle gewonnen.

Ihr Leben zu entschlacken bedeutet aber nicht nur, Ihre Besitztümer auszumisten, sondern auch, Ihre Aktivitäten zu reduzieren, und zwar diejenigen, die Ihnen keine echte Freude (mehr) bereiten. So schaffen Sie Raum für Entspannung und Zeit für das, was Sie wirklich gern tun.

Hausarbeiten oder auch andere ungeliebte Pflichten können Sie bereits für wenig Geld delegieren. Sie können Ihre Wohnung reinigen und Ihre Wäsche waschen und bügeln lassen, können sich Ihre Einkäufe nach Hause liefern lassen, Gartenarbeiten abgeben und selbst

Papierkram von einem Assistenten erledigen lassen. Ein praktisches Portal, um verschiedenste Arbeiten ganz einfach und flexibel für kleines Geld abzugeben, ist zum Beispiel das Portal www.machdudas.de

Sie werden feststellen, dass es jedoch bereits dadurch schon deutlich weniger zu erledigen gibt, dass Sie weniger besitzen und dass Sie Ihren Besitz übersichtlich und gut sortiert aufbewahren.

Tip Nr. 4: Entschleunigen Sie Ihr Leben und finden Sie zur Ruhe und zu sich selbst

Hin und wieder tut es uns gut, unser Leben ganz bewusst für einen bestimmten Zeitraum zu entschleunigen. Auch und ganz besonders dann, wenn wir uns im Leben für einen hoch getakteten Alltag entschieden haben. Insbesondere dann, wenn wir viel um die Ohren oder wenig geschlafen haben, wenn wir merken dass wir in Gefahr oder bereits dabei sind krank zu werden oder wenn wir das Gefühl haben, dass uns alles für den Moment zu viel wird, sollten wir unseren Alltag entschleunigen.

Unser Körper und auch unser Geist sind dankbar für Momente von Ruhe und Stillstand, in denen einmal nichts (oder kaum etwas) Neues auf uns zukommt, das aufgenommen und verarbeitet werden muss.

Wir können in diesen Minuten und Stunden wieder zu uns finden, uns erholen und regenerieren, wir können uns wieder fühlen, unsere Konzentration und unseren Fokus wiederfinden und schärfen.

Wenn wir sehr bewusst entschleunigen und vorübergehend bei allem was wir tun in ein Zeitlupentempo wechseln, wenn wir ein paar Gänge zurück schalten, beginnen wir nach einiger Zeit oft sogar unseren Körper und seine Energie und Aktivität in Form von einem Schwingen oder Kribbeln zu spüren.

Wir beginnen dann, Dinge in unserem Körper wahrzunehmen, die im normalen Alltag nicht in unser Bewusstsein vordringen, spüren dann plötzlich, dass ein bestimmtes Körperteil vielleicht überlastet, entzündet oder sonst wie beeinträchtigt ist, auch wenn die Signale (noch) so fein sind, dass wir sie im hektischen Alltag nicht wahrnehmen. Wir merken dann vielleicht, wie müde und angespannt wir sind oder dass wir einen Drang nach Bewegung und frischer Luft haben. Oder auch einfach, dass wir Durst haben nach gutem, frischem Wasser.

Aber auch unser Geist schärft sich dadurch. Wir beginnen bei regelmäßiger Praxis mit unserer Aufmerksamkeit und unserer Perspektive in uns selbst zurück zu kehren und die Dinge wieder von innen heraus zu sehen wie ein Kind.

Wir können dadurch Manches plötzlich klar erkennen, über das wir zuvor viel gegrübelt und doch keine Antwort gefunden haben – und zwar einfach deshalb, weil sich unsere Perspektive ändert. Wir beobachten, sehen und bewerten die Dinge dann ohne besondere Anstrengung aus uns selbst, also von innen heraus und unter dem Aspekt was sie für uns bedeuten.

Wenn wir alles wirklich langsam tun, haben wir außerdem die Möglichkeit, auch alles tatsächlich wahrzunehmen was wir tun. Das ist in einem sehr hoch getakteten Alltag kaum mehr möglich.

Nicht zuletzt werden auch unsere Gedanken, die mitunter rasend schnell im Kopf durcheinander springen oder sich im Kreis drehen, durch das langsamere Tempo ruhiger und langsamer. Das kann unseren Geist auf eine Art und Weise entspannen, die wir, und ganz besonders die Grübler unter uns, zuvor noch nie erlebt haben.

Probieren Sie es einfach einmal aus: Schalten Sie entweder regelmäßig oder in Momenten, in denen Sie spüren dass es Ihnen gut tut, in einen „Entschleunigungsmodus“. Zwingen Sie sich geradezu in dieser Zeit, ALLES was Sie tun - selbst das Aufstehen vom Stuhl oder das Greifen nach einer Tasse - in einem Zeitlupentempo zu verrichten und auch in diesem Tempo zu bleiben. Achten Sie darauf, dass Sie nicht nach einigen Minuten oder Sekunden automatisch wieder in Ihren gewohnten schnelleren Gang zurück schalten.

Für die meisten Menschen ist das vollkommen ungewohnt und anfangs schwer auszuhalten, widerspricht es doch vollkommen unserem Effizienz- und Leistungsgedanken, die Dinge stets möglichst schnell abzuarbeiten.

Sie können sich auch hinsetzen und einfach einmal nichts tun, atmen und Ihren Körper spüren. Ganz entspannt, ohne Anstrengung, dort etwas wahrnehmen zu wollen. Will Ihr Körper Ihnen etwas zeigen oder Sie vielleicht auf etwas aufmerksam machen? Seien Sie offen für die Antwort. Sie werden nach einiger Zeit beginnen, bestimmte Körperstellen stärker oder anders als sonst zu spüren.

Tip Nr. 5:
Sie sind wichtig! Wie Sie mit der richtigen Einstellung stressfrei und glücklich leben

Genauso, wie ein gelassenes, stressfreies Leben unser Wohlbefinden und unsere Zufriedenheit massiv erhöhen, so wirkt sich umgekehrt auch ein Leben, in dem wir darauf achten, uns Gutes zu tun, positiv auf unser Stresslevel aus. Wir können mit der richtigen inneren Einstellung sehr viel stressfreier leben und geraten dabei in einen Positivkreislauf aus Wohlbefinden, weniger Stress, mehr Wohlbefinden und noch weniger Stress.

Wenn wir uns selbst und unser Wohlergehen als das Wichtigste betrachten, das wir haben, wenn wir es wichtiger nehmen als alles andere, dann achten wir ganz selbstverständlich darauf, uns keinem Stress im ungesunden Maße auszusetzen, sondern spüren unsere Grenzen und respektieren sie.

Aber das tun wir leider selten. Wir haben gelernt, es sei egoistisch, uns als wichtiger anzusehen als Andere. Was wäre das für eine Welt, in der jeder nur auf sich achtet, fragen wir uns. Eine Welt ohne Rücksichtnahme und gegenseitige Unterstützung, eine Welt voller Egoisten? Und eine schöne Partnerschaft hätte in einer solchen Welt ebenfalls niemand mehr, denn Liebe und Egoismus schließen sich natürlich aus, denken wir.

Abers stimmt das so überhaupt? Ist es nicht vielmehr so, dass jeder Mensch – und daher eben auch wir selbst – so leben sollte, dass es ihm gut geht, dass er Leistung bringen sollte, aber nur in einem Maß, das für ihn gesund ist? Dass er auf sich achten und sich gut um sich kümmern sollte und daran nichts verwerflich ist?

Jedem anderen Menschen gestehen wir dieses Recht zu – warum also nehmen wir uns selbst dort aus? Natürlich sind wir nicht allgemein wichtiger als andere Menschen, aber

FÜR UNS SELBST sind wir der wichtigste Mensch auf der Welt und das dürfen wir auch sein. Wir sind verantwortlich für unser Wohlbefinden und für den Schutz unserer Gesundheit – selbst jedes Tier hat einen solchen Selbstschutzinstinkt. Wir sind deshalb für uns so wichtig, weil wir es sind, die die Verantwortung für uns tragen. Zudem können wir uns auch nur dann wirklich gut um Andere kümmern und Anderen etwas geben, wenn es uns selbst gut geht.

Es ist unerlässlich, dass Sie sich immer wieder selbst daran erinnern, dass Sie für sich der wichtigste Mensch auf der Welt sind. Dass Sie sich gut um sich kümmern und für sich sorgen müssen. Dass Sie auf sich achten und sich selbst Respekt entgegen bringen sollten. Dass Sie dafür sorgen müssen, dass es Ihnen gut geht. Dass Sie es verdienen, dass es Ihnen gut geht und dass Sie gesund sind. Dass Sie sich wohl fühlen und Mitgefühl mit sich selbst haben.

Sie werden feststellen, dass Sie das, was Sie sich selbst geben, bald auch von Anderen bekommen werden. Wenn wir überzeugt sind, dass wir es verdienen, uns gut um uns zu kümmern, so werden wir das ausstrahlen und Andere werden es in unserem Umgang mit uns selbst bemerken. Sie werden dann ebenfalls davon überzeugt sein, dass wir das verdienen und uns entsprechend behandeln.

Beginnen Sie gleich jetzt damit und nehmen Sie sich wichtig – von heute bis zum letzten Tag Ihres Lebens.

Wenn Sie sich selbst wichtig nehmen, werden Sie automatisch auch Ihre eigenen Bedürfnisse ernster nehmen.

Der Grund dafür, dass wir sie so häufig übergehen liegt darin, dass wir sie nicht ernst genug nehmen – und der Grund hierfür liegt zu einem großen Teil darin, dass wir uns selbst nicht wichtig genug finden, als dass unsere

Bedürfnisse auf Kosten anderer Dinge so viel Raum bekommen sollten.

Aber auch das Thema Bedürfniserfüllung hat nicht das Geringste mit Egoismus zu tun. Es geht hier nicht darum, unsere Wünsche und unseren Willen auf Kosten Anderer durchzusetzen, sondern darum, das, was unser Körper und unser Geist brauchen, als berechtigt und unsere Bedürfnisse als Warnung unseres inneren natürlichen Selbsterhaltungssystems zu verstehen, das uns darauf hinweisen will, dass uns etwas fehlt oder wir uns von etwas zu viel zumuten - und es aus diesem Grund ernst zu nehmen.

Uns selbst unsere Bedürfnisse (nicht zu verwechseln mit unseren Träumen und Wünschen), zum Beispiel nach Schlaf, Ruhe, Langsamkeit, frischer Luft, Flüssigkeit, Vitaminen, einer Pause oder einer Auszeit, Rückzug usw. zu erfüllen, ist kein Luxus, den man sich leisten kann wenn es gerade passt und der ausfallen muss, wenn es nicht passt, sondern ist vielmehr eine Voraussetzung für unser gesundes Fortbestehen. Wir müssen unsere Bedürfnisse daher unbedingt ernst nehmen.

Darüber hinaus sind, wie schon erwähnt, WIR diejenigen, die dafür sorgen müssen, dass unsere Bedürfnisse auch erfüllt werden – und zwar auch gegen mögliche Widerstände. Wir können diese Aufgabe niemand anderem in die Schuhe schieben.

Natürlich müssen wir abwägen und auch die Interessen unserer Mitmenschen berücksichtigen. Wir müssen jedoch ein Gespür dafür entwickeln, wann wir unser Bedürfnis auch einmal etwas später erfüllen können – und wann es sofort und ohne Kompromiss sein muss. Und das müssen wir dann auch durchsetzen.

Das mag dazu führen, dass wir nicht mehr bei jedem das Bild des netten, kooperativen und jederzeit verfügbaren Mitmenschen abgeben. Aber wenn wir unsere Bedürfnisse ernst nehmen und wo nötig auch durchsetzen, wird uns das Respekt von Anderen einbringen. Und es wird uns selbst und unseren Körper, unsere Gesundheit und unseren Job, unseren Alltag, unser Leben und unser Glück schützen. Bringen wir uns selbst also Respekt entgegen und nehmen wir unsere eigenen Bedürfnisse ab sofort wirklich ernst.

Schlusswort

Ich hoffe, dieses Buch hat Sie nicht nur inspiriert, sondern Ihnen auch die Augen geöffnet und meine Praxisprogramme helfen Ihnen, sich aus der Illusion der Abhängigkeit zu befreien, innerlich stark, sicher und zuversichtlich zu werden, wahrhaft loslassen zu können und einen glücklichen Neustart frei von Angst und Schuld(gefühl) zu wagen!

Flüchten Sie sich nicht in Ablenkung (wenn Sie mit diesem Buch ernsthaft arbeiten, brauchen Sie keine Ablenkung mehr) sondern werden Sie aktiv und steuern Sie den Prozess des Loslassens und des Neubeginnens selbst.

Legen Sie dieses Buch also bitte jetzt *nicht* zur Seite und flüchten sich in Ablenkungen, die Sie Ihre Herausforderung des Loslassens oder den Gedanken an das Alte (vorübergehend!) vergessen lassen, sondern arbeiten Sie wirklich mit dem Programm.

Sie wissen ja:

Veränderung entsteht nicht durch neues Wissen, sondern nur durch *angewandtes* Wissen. Es spielt keine Rolle, wieviel Sie wissen, entscheidend ist, was Sie *tun*.

Gehen Sie deshalb *JETZT* den entscheidenden Schritt in die Praxis, damit das Wissen aus diesem Buch seine ganze Wirkung in Ihrem Leben entfalten und Sie in eine erfüllte neue Lebensphase führen kann.

Ich wünsche Ihnen alle Fülle und alles Glück diese Erde!

Bis bald, vielleicht in einem meiner anderen Ratgeber.

Ihre Mariana Seiler

PERSÖNLICHER PRAXISTEIL

MEIN WEG IN EIN NEUES LEBEN!

Mein Weg in ein neues Leben (Notizen)

Meine Gedanken

Meine Gedanken

Meine Gedanken

Meine Gedanken

Meine Gedanken

Meine Gedanken

Meine Gedanken

Meine Gedanken

Meine Gedanken

Die Mariana Seiler Buchreihe im Überblick

Loslassen lernen!
(In 5 Schritten - mit großem Praxisprogramm)

Selbstbewusstsein steigern:
10 Tipps für ein unerschütterlich starkes Selbstbewusstsein!

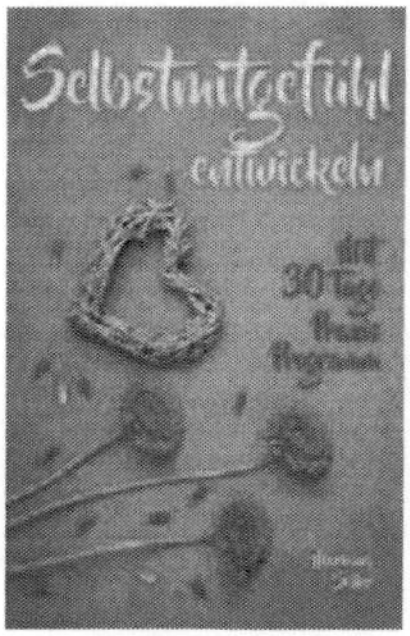

Das große Praxisbuch für mehr Selbstmitgefühl und Selbstliebe!
(mit 30 Tage Praxisprogramm)

Wie Sie sich selbst lieben lernen mit 7 täglichen Ritualen

Gelassenheit lernen

Der liebevolle Weg aus dem Burnout zurück zu Dir selbst

Achtsamkeit ist Seelennahrung

Der 2 Wochenkurs – Smalltalk leicht gemacht
(auch für Schüchterne)

Stress bewältigen am Arbeitsplatz
(in 3 Schritten)

Selbstmanagement im Job:
5 Schritte zu ungewöhnlich hoher Produktivität mit dem richtigen Selbstmanagement

Anhang, Haftungsausschluss und Copyright

Was denken Sie?

Wenn Ihnen dieses Buch gefallen hat, freue ich mich über eine Bewertung. Sie gibt mir meine Motivation, um weitere Ratgeber für meine Ratgeber-Reihe zu schreiben und auch das Wissen, wie ich sie so gestalten kann, dass ich Ihnen damit am besten helfe.

Selbstverständlich ist sowohl positives, als auch negatives Feedback willkommen. Mit beidem kann ich meine Bücher kontinuierlich für meine Leser verbessern, und das ist mir sehr wichtig. Über positives Feedback freue ich mich aber natürlich ganz besonders.

Schenken Sie mir also doch jetzt noch zwei Minuten Ihrer Zeit und schreiben Sie mit ein oder zwei Zeilen jetzt gleich noch eine kurze Bewertung zu diesem Buch.

Haftungsausschluss und Eigentumsrechte

Wir sind bemüht, alle Angaben und Informationen in diesem Buch korrekt und aktuell zu halten. Trotzdem können Fehler und Unklarheiten leider nie vollkommen ausgeschlossen werden. Daher übernehmen wir keine Gewähr für die Richtigkeit, Aktualität, Qualität und Vollständigkeit der vorliegenden Texte und Informationen.

Für Schäden, die durch die Nutzung der bereitgestellten Informationen mittelbar oder unmittelbar entstehen, haften wir nicht, solange uns nicht grob fahrlässiges oder vorsätzliches Verschulden nachgewiesen werden kann.

Alle Texte und Bilder dieses Buches sind urheberrechtlich geschütztes Material und ohne explizite Erlaubnis des Urhebers, Rechteinhabers und Herausgebers für Dritte nicht nutzbar.

Alle etwaigen in diesem Buch genannten Markennamen und Warenzeichen sind Eigentum der rechtmäßigen Eigentümer. Sie dienen hier nur zur Beschreibung der jeweiligen Firmen, Produkte oder Dienstleistungen.